大前研一通信・特別保存版　Part. Ⅶ

挑戦

～新たなる繁栄を切り開け！～

大前　研一

ビジネス・ブレークスルー出版事務局　編著

ビジネス・ブレークスルー出版

まえがき

2020年のオリンピック開催地が東京に決定したことで、日本中が沸いた事は、記憶に新しいことかと思います。過去、1964年に開催された東京オリンピックは、戦後、急速な発展を遂げ、その後、世界第二位までになった経済大国に向かう日本の存在感を国際社会に向けて示したシンボリックな大会でした。スポーツ以外に目を転じてみると、戦後、日本の急速な発展を支えた言わゆる戦後第一世代の経営者に関して、大前研一は、こう述べています。

「戦後の日本は、盛田昭夫や本田宗一郎、松下幸之助など、世界に冠たる人間を輩出し、彼らが今の日本の基礎を作った。戦後の混乱期から這い上がった彼らは、必ずしも学校で優秀だったわけではありません。アカデミック・スマートではなく、現場で優れた能力を発揮できるストリート・スマートが、世界に冠たる日本のブランドを作った。」

そして、世界に冠たる日本ブランドを築き上げた戦後第一世代の経営者と比べ、現在の日本のビジネスパーソンが圧倒的に劣っているのは、世界に出て行き勝負するという、言わば挑戦する「気概」だと喝破します。また、

「この混乱の時代に求められるのは、これまで日本が育ててきたようなアカデミック・スマートではない。現実の中で自ら考え、答えのない問いに自分なりの答えを見つけ出していくストリート・スマートである。北欧が経済の低迷から脱却できた理由は、まさにストリー

ト・スマートを生み出す教育にあった。教育が成果を生み出すまでには、ある程度の時間がかかる。だが、日本が本当に「新たなる繁栄」を築くためには、アカデミック・スマートからストリート・スマートへという〝質的変化〟をもたらす教育改革が必要だ。そしてじつはこれこそが、日本にとってもっとも重要かつ緊急の課題なのである。」

と教育改革の必要性を訴え、「世界に通用する人材」の育成を目指すべく、2001 年には、豪州ボンド大学と提携し、海外 MBA の取得が可能な BOND-BBT MBA（ボンド大学大学院）を、2005 年には本邦初の遠隔教育法による MBA プログラムを開講した BBT 大学大学院、また 2010 年に設立されたビジネス・ブレークスルー（BBT）大学では、大前研一自らが学長に就任しました。

欧米に追い付き追い越せと工業化社会を目指し、戦後復興に際して効果を発揮した（参勤交代制度の）江戸時代から続く「中央集権体制」は、もはや制度疲労を起し、先述の戦後第一世代の経営者達には無縁だった「偏差値制度の導入」が、自らの分際に見切りをつけ、個人のアンビションを奪う弊害をもたらした元凶だと訴えます。新興国が勃興し、もはや大量生産する工業化社会を目指す国家ではない日本にとって、それらは既に地域社会や個人から「自立」という気概を奪い取る足枷になってきたと言えるのではないでしょうか。

大前研一は、その体制に楔《クサビ》を打ち込み、日本が世界で繁栄するためのヒト、モノ、カネを世界中から呼び込むことが出来る最適な国のかたちとして、また地方や個人の「自立」を促す礎となるであろう「道州制」の移行への必要性も、これまで様々なメディアや政治家を通じ、声を大にして訴え続けてきました。

そして、その道州における最大の仕事こそが、人材育成であり、全国一律の指導要領のもと、答えのある前提で行ってきた「教育」を各道州に任せることで地域社会や、ひいては、個人自らが道を切り開き、自立することにもなると言及しています。

今回の書籍は、会員制月刊情報誌「大前研一通信」に掲載された記事を中心に、1章には＜教育改革への「挑戦」＞として、「世界の教育トレンド」の解説や、日本の教育の問題点から文科省への提言に加え、21世紀の答えのない教育や社会人の再教育の必要性、グローバルに活躍する人材育成法などを、2章には＜答えがない時代への「挑戦」＞と題し、【BBT大学・BBT大学院・BOND-BBT MBA】の概要や、各学生、卒業生が、目指す「ストリート・スマート像」への挑戦の道程や声も紹介し、そして3章では、「原発・エネルギー、政治、教育」の各問題に関する大前研一の発信から学びとる各学生の思考の一端を＜問題解決思考への「挑戦」＞と題してご紹介しています。更に7000時間を超える質・量ともに日本で最も充実したビジネス映像コンテンツを保有し、最新のコンテンツを制作し続けるビジネス・ブレークスルーが、「読んで」、「見て」、「身につける」というコンセプトのもと、大前研一の秘蔵映像（挑戦編）も収録したDVDを付属しております。

本書を「読んで」、DVDを「見て」頂ければ、きっと（忘れられていたかもしれない）貴方のアンビションを思い起こされることでしょう。そして、引き続き大前研一のメッセージ（大前研一通信）を受け取りたい方や、激変する時代を生き抜けるスキルアップを目指し、アンビションを抱く「ストリート・スマート」像に挑戦してみようと思われる方は、是非、BBTの門を叩いて頂ければ幸いです。

大前研一通信　　小林　豊司

目　次

大前研一通信特別保存版 Part. Ⅶ「挑戦」～新たなる繁栄を切り開け！
（◎ DVD に関連映像コンテンツを収録）

■ DVD 収録映像コンテンツ

大前研一　秘蔵映像～「挑戦」編～（約 100 分）
通信特別保存版 Part. VII

第 1 章　教育改革への「挑戦」

① 世界の教育トレンド（大前アワー 328：2013/7/20）

第 2 章　答えがない時代への「挑戦」

＜ BBT 大学＞

② 社会人を再教育して競争力をつけよ（大前ライブ 669：2013/2/10）

③ なぜ今「新興国」に出ていく時なのか？（大学講義「新興国ビジネス事例研究」より一部抜粋／椿進 BBT 大学経営学部教授）

④ 世界が欲しがるグローバル戦力になろう！（BBT 大学主催イベントより一部抜粋紹介）

⑤ 実践・行動させる、BBT 大学の講義（自由研究・ベトナムプログラム）

⑥ BBT 大学生の紹介：「仕事の両立は可能？」

＜ BBT 大学大学院＞

⑦ エアキャンパス紹介（集団 IQ を高める学習）

⑧ 心と身体マネジメント（ビジネスマン健康カレッジ）

＜ BOND-BBT MBA 大学大学院＞

⑨ "Bond-BBT MBA グローバルリーダーシップ MBA ディレクターコメント

第 3 章　問題解決思考への「挑戦」

⑩ 新政権はロシアと電力輸入などの経済協力を進めよ（大前ライブ 660：2012/11/25）（大前ライブ 681：2013/5/5）

⑪ 再生可能エネルギー政策への考察（大前ライブ 674：2013/3/7）

第1章

教育改革への「挑戦」

1．ストリート・スマートが「新たなる繁栄」を切り開く

欧米には「アカデミック・スマート」と「ストリート・スマート」という表現がある。アカデミック・スマートは学校の成績が良く、決められたことを効率良くこなすのが得意なタイプ。これまで日本のエリートとされてきたのはこのタイプだが、経験のない新しい事態に直面したときの対応力がなく、挫折してしまう。「前例がない」と思考停止になってしまうエリート官僚がこの典型だ。

かたやストリート・スマートは、街中で育ったという意味で、実社会で経験を積んでのし上がってきた人をさす。人間関係の構築が得意で、失敗してもへこたれず、道なき道を独自の嗅覚で突破していく。手本のない混乱の時代を切り開いていくのは間違いなくストリート・スマートで、かつて戦後の混乱の中から世界有数の企業を立ち上げた松下幸之助や本田宗一郎、川上源一などは皆このタイプだった。

今のビジネス世界は西部の開拓時代さながらに、新しい経済が生み出した「新しい大陸」を皆が競って切り開いている状況にある。新しいアイデア、新たなビジネスモデル一発で、広大な領土を手に入れることができる時代なのだ。

この混乱の時代に求められるのは、これまで日本が育ててきたようなアカデミック・スマートではない。現実の中で自ら考え、答えのない問いに自分なりの答えを見つけ出していくストリート・スマー

トである。北欧が経済の低迷から脱却できた理由は、まさにストリート・スマートを生み出す教育にあった。

教育が成果を生み出すまでには、ある程度の時間がかかる。だが、日本が本当に「新たなる繁栄」を築くためには、アカデミック・スマートからストリート・スマートへという“質的変化”をもたらす教育改革が必要だ。そしてじつはこれこそが、日本にとってもっとも重要かつ緊急の課題なのである。

（「ロウアーミドルの衝撃」より一部抜粋　講談社）

2．世界の教育トレンド

（◎大前アワー 328【向研会】：2013/7/20）

（1）国家戦略を考えるうえで一番大切な問題は「教育」

今日の教育というのは日本にとっておそらく国家戦略或いは戦力を考えるうえで一番大切な問題だと思います。日本は今、教育において非常に大きな問題を抱えています。

それは日本という国は、明治に欧米とは非常に差があるということが分かり、文明開化、富国強兵という事で教育に力を入れました。当時は非常に表にオープンでボーイズビーアンビシャスと外国の教授なども招聘して、どんどん外の良いものを入れていきました。文明開化ですね。

その後戦争が終わった後は、今度はスローガンを変えて、加工貿易立国、工業国として立国していくという事になり、教育方針がここで大きく変わり、非常にレベルの高いクオリティの高い人材を一斉に育成し、これをその大量生産用に産業界へ提供するというやり方にシフトしました。

世界第２位の工業国家になるという点では、この教育方針というのは凄く当たっていたと思うんですね。従ってアメリカみたいな教育方針とか、他の国の教育方針を取っていればこんなに効率よく工業国家日本というのは出来なかったと思います。

ただこの教育の特徴がですね、答えがすでに欧米とかどこか別の国や別の会社にあり、その答えを早く覚え、それをうまく実現し、その時のコストが低いか、スピードが速いか、その後、軽薄短小などの創意工夫をして世界の誰よりも早くいいものを安く出すというモデルです。

この場合にはやはり、答えが分かってる人を大量生産した方がいいということで、国が全体的に指導要領という事で効率のいい教育をして全国どこへ行っても同じような教育が受けられるという様なことをしました。これは拍手喝采アンコールと言って同じ曲を弾くところが文科省の浅はかなところで、21 世紀になると世の中が変わってしまいました。二つの点で大きく変わっています。

（2）21 世紀の教育をめぐる二つの大きな変化

一つはそういう教育を現在始めている巨大新興国がたくさん出てきており、そしてその程度の教育であれば今の中国では日本の 10 倍、年間に大学生だけで 700 万人作っているのですからそういう所にかなわない。プログラミングとかそういうものを覚えるだけならインドには数で、もしかしたら質でもかなわない。日本のその得意技を一生懸命やってもどうしょうもないという時代です。数で圧倒的に足りない。将来的に考えても数はおそらく減るだけという事になります。

もう一つの問題は、このシステムの中で出来上がった文科省の指導要領に基づいて全国一律にやるというところにおいて先生が無力化しているのです。先生は文科省の指導要領の伝達者、エージェントにすぎないんです。マタイ伝４章の３節を読み、あの２千年前にかれたものを解釈するという様な、だからある意味、牧師さんですよね。

２番目の問題は、クリエイティブで断トツの付加価値をつくる人間を何人創出したかで国家の力が決まるという21世紀の先進国のモデルというものには全く合わないわけです。

もし自分がイエス・キリストやモハメッドになったとして、もう一度この世に降臨してきたとき、当時の自分が言った教義に関しどう変えるかと。例えば、豚は食べるなと過去伝えていたとしても現在は、冷蔵庫のある世界ならいいでしょうと、こう変えましょうよと、こういう風に、もしモハメッドが今ここに降臨したらどうなるかと、こういう事を考えるのが実は、21世紀の教育なんです。

そこでそれなりの答えを皆で出していっても、実は答えがない。だからサンデル教授の授業がなぜいいのかというと、答えがないわけです。

死刑について考えようと、うーん君の意見はたいしたもんだ、それも一理あるよね。そして全然違うこと言ったら、「その点が重要なんだよ君」と言って、結局何なんですかと。あのサンデル教授に日本が衝撃を受けている理由はですね、答えがないという事です。一番困るのは「サンデルさん、貴方はどう思うの？」と言われた時に、「私は司会者です」と、こうなっちゃうんですね。

実はこの15年位で爆発的な教育の力で凄い人間をたくさん輩出している国を見ると、まあ北欧4国が特にそうですが、このやり方なんです。

21世紀は答えが無いんです、と。だから20世紀みたいに答えがあって、答えを教えて効率よく覚えた奴が勝ちという様な、そんな人間はもう何億人もいるんだよと。貴方がどこまでやれるのかということですよね。

それをやろうと思うとサンデルさんとか北欧スタイルで、まず北欧でやったのはteachという言葉を教室で禁じます。答えがあるからteachするわけで、答えがないときにteachなんて出来ませんよね。デンマークでは teacher という言葉も、teach という概念も全部否定して、では先生はなんと言うのでしょうか。先生は、先に生まれたと書きますが、先に生まれた人が答え分かっているわけではないでしょうと。ここが 20 世紀と、答えの無い 21 世紀との一番大きな違いです。

（3）先進国の現実に教育制度が全く合っていない日本の問題

ではどうやって皆で答えに近づいていくのかというとこれはファシリテーションです。要するに 26 人生徒がいれば、26 通りの答があってもいいですが行動は 1 つに絞らないといけないので、どうやって 1 つにアプローチしていくかと考えていきますが会社の世界はこうですよね。

答えがあれば会社なんていらないんですから、そういう意味では実はその 21 世紀の現実の世界というのはそちらの方向にどんどん行っています。欧米に追い付け追い越せとか EU の真似したら何とかなるぞという話ではないですよね。という事はこういう企業の置かれている世界、21 世紀の先進国の現実、日本に追い付け追い越せという後進国ではなく、先進国の現実に日本の教育制度が全く合っていないというこの問題です。

これは極めて深刻な問題で、どうしたらいいのかと言われても文科省前提に改造しようとしても無理です。土台が、目的が違いますから。だから私はこの問題は気付いた皆さん、家庭で、或いは自治体で、企業の中で、自衛しなくては駄目です。自衛か先取りをするという話が今日の話です。

これが実は日本の企業にとって、日本という国にとって最も重要なテーマで、しかも我々は土台の所でうまく行きすぎた為にクリスチャンセンではないですが、イノベーターズジレンマで、うまく行きすぎたので治すのに時間が掛かってる間に他の奴にやられてしまうと、こういう風になってきてしまっているという事ですね。

非常に明確な使用前、使用後というのがあって、これから正解のない時代というのは個人の能力を突出したものにしないといけないのです。どこを探してもあんな人はアメリカにもヨーロッパにもいないよなという位の人間をそれぞれの分野で育成していかないといけない。その人が付加価値を作って10万人を食わしていくと、こういう時代なんです。

その点で教育方法が全然変わってくるということです。平均的なレベルを上げたところで物量では新興国にはかなわないということです。

日本の場合はある意味、絶望的というか、足元を見ますと、初等、中等教育というのは全ての質問に答えがあることが前提になっており指導要領に基づいて先生が教室で教えます。

実はこの先生はそういう意味ではあまり逸脱してはいけない。指導要領を横に置いて私は君達にこういう事を教えたいという際に学校で許されてる時間というのは非常に短い時間で総合学習の時間というのがありますが、それ以外は駄目と。それで覚えたかどうかをチェックするのが試験ですから。だったら手元のスマホを1台持っていれば全部それは分かるという時代ですよね。

（4）日本人をアンビションの無い国民にした「偏差値」問題

それからもう一つ日本の最大の問題は偏差値です。この偏差値というのが日本人をいかにアンビションの無い国民にしたかということで、そのことは二つの大きな問題があります。

まず偏差値というのはなぜ導入されたかという点ですが、東大の安田講堂が焼打ちにあった後、政府はものすごく危機感を持ったわけです。冷戦下でアメリカに逆らい、政府を転覆しようとしている者がいると、ロシアと中国と結託して革命を起こそうとしている者がいるのは、とんでもないと。政府に逆らわないようにということで、あなたの分際は67点と、あなたはもうちょっと良くて73点と。つまりそのアプリオリに政府の方がその人間のタガを、若い時にはめてしまうということです。

この問題が今の日本というものを非常に小さいものにしているんです。実は日本が明治以来ここまで来た理由はアンビションなんです。このアンビションというものを封じるのが偏差値なんです。

二つの問題とさっき言いましたが、一つは、分際がわかっちゃうとそれ以上期待しないし、文句を言わない。私のクラスで一番出来た人が官僚になっているから、彼らは間違いないよなと思い「任せて安心」という感じになっている訳ですね。

それでもう一つの問題は良かった人です。いいと思ってますから自分は出来ると思っているのでそれ以上、勉強せず新しいものを取り入れない。両側でものすごい問題が起こったわけですね。これが偏差値の今日的な結果です。

日本が何故変化できないかというのは、今までの日本と違って偏差値で育った人がいま圧倒的にマジョリティーで、図1の右側は高等教育ですが、まず先生方がアンビションを持たないように駐留軍が、産・官・軍の共同体というのが、非常に日本を悪くしたということで、ここをアカデミックに改修しています。つまり実務から離れてアカデミックにもっていくと、このアカデミックという隠れ蓑が教授会の色々な防波堤になって、何かやれと言ってもアカデミックな人達は人の言う事を聞かない。アンビションがない。アカデミックという割には欧米の学者の輸入学者になって解釈をして生徒に言うと、生徒にとっては新しいと、自分は同じこと 30 年言うと。こういう話になってしまうんですね。

生物学的にみるとコンサバティブな人が先生になるわけですから。その権化が学校で、我々はなぜ学校に行って役に立たないかというと、基本的にそういう先生が教えているのと、またアカデミックな学校というのは大学に行けば、君は良く出来るから大学院に行きなさいと言うじゃないですか。でも良く出来たら早く世の中に出ればいいんです。大学院に行ってる間に君、研究室に残らないかとも言われることもある、つまり大学というのは次の教授を作る装置になっているのです。だから今、実務に役に立たない人が多く、企

図1

日本の教育の問題は、教育の目的・目指す方向性と現状の教育制度が適していないことであり、ゼロベースで根本的に作り直さなければならない

日本の初等・中等教育の問題点

学習指導要領 & 教科書検定	・すべての質問に答えがあることが前提となっている ・文部科学省が作った、「学習指導要領」に書かれている「答え」を、先生が伝えているだけ ・それを、生徒・学生が覚えたかどうかをテストでチェックするだけ
偏差値	・学校では、いまだに偏差値を絶対視 ・生徒の進路・就職先も偏差値で決める ・この指導を受けると、自分の偏差値にあったものを選択 ・社会人になってから、リスクをとったり、高い目標に挑戦しようと意欲がそがれる **⇒アンビションのない国民**

日本の高等教育（大学）の問題点

大学教授 と 教授会	・大学教授が、「アンビションをもって世界で活躍できる学生を育成しよう」という、意志、素質、能力を兼ね備えていない ・欧米の有名な学者の理論が、現実よりも正しいと信じている（経済、経営など） ・大学の改革を実行しようとするときに、志のない教授会が、改革に反対する
国立大学 および 大学の 役割	・官僚養成学校としてできた旧帝国大学など、時代的に役目を終えている ・小泉改革で廃止すべきだったところを、独立行政法人にして、中身を変えず延命した ・職業訓練校として、役目を果たすべきところ、中途半端にアカデミックになっており、企業が欲しい人材を育成できていない

・21世紀に適した教育と、現状の教育制度が適合していないことが問題
・現状では、世界で通用する人材を育成することは不可能
・小手先の制度改革では、問題は解決しない

資料：「大前研一通信」ほか各種文献、記事より作成

業は入った後に叩き直さなきゃいけないということになります。

それで学校出て役に立たないという事で専門学校に入り直すなどという人が増えてきているんですね。元々は国立大学というのは官僚養成学校で、そういう意味ではコンサバティブな決まったことをやるだけの「能吏」というものを養成します。

実は小泉改革というのはいい線までいってまして、これを潰そうとしたんです。国立大学を廃止という事を立案したものの、文科省の強い抵抗にあってこれが出来ずに独立法人にして、これからは貴方達自身でエコノミクスを考えなさいという風になりましたが、今だにまだ殆どの補助金で動いている。

職業訓練学校という役目がないので出た人がすぐには役に立たない。これは後でドイツやスイスの制度を説明しますがまるで違います。出たら役に立つ人間を作るという組織がないと世の中の効率が悪い訳です。そこが今の日本の問題です。

一方、日本は駄目かというと、図２の左側を見てください。現代の日本で世界で活躍する人も多くいるじゃないかと、スポーツ選手、音楽、建築家、芸術家、クリエイター、登山家もたくさんいます。三浦雄一郎さんだけではなくてたくさんいますが、これは共通項があります。

一つは文科省のカリキュラムに沿って育っていないという点です。

もう一つは個人教授がいるのです。つまりチューターというかインストラクターのサポートでテーラーメイドのことをやります。この人達には世界一になりたいとか、世界一速くなりたいとかいうアンビションを幼少の頃から親やインストラクターが才能をみて植えつけます。それで一点を引っぱっていくというやり方ですよね。

実はアメリカなどを見てると、数学の世界でそういう才能を幼少で見せたらどーんと大学なんかに行かせてしまいます。つまり揃って高くというのではなく、君はこれは凄いよという箇所をどこまでも伸ばしてあげるというやり方をするんですね。ですから最近生まれている巨大企業というのは殆どがアメリカにあるのは、一つは世界からそういう人がそういう自由を求めてくるか、アメリカの中でそういう人達が育つということなのです。

もう一つ世界に冠たる日本の会社を作った人を見てください。全員が大学出ていないです。もちろん残念ながらソニーの盛田さんは大阪大学を出ていますが（例外なんて書いてないですけどね）。でも図２の右側の人たちの特徴はアンビションです。

幸之助さんの奥さんの弟は井植歳男さんですね。井植歳男さんは、兄貴と喧嘩別れして会社を作るんですが、その時に兄貴は小学校を

図2
日本でも、文部科学省のカリキュラムのないところでは、世界で活躍する個人が多数でてきており、日本人の持つ潜在的能力が、世界の人材と比べて劣っているわけではない

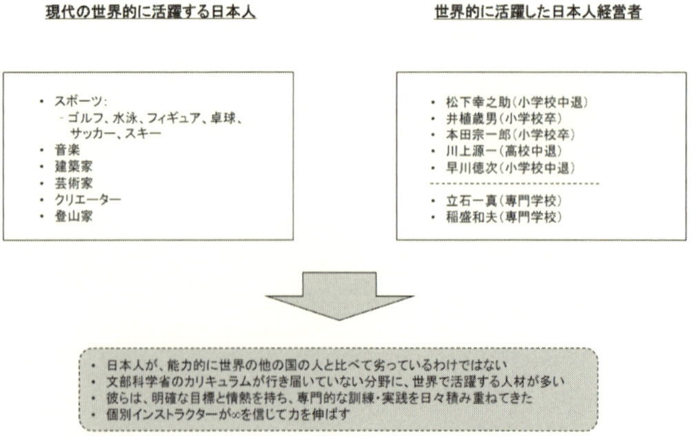
現代の世界的に活躍する日本人
・スポーツ:
-ゴルフ、水泳、フィギュア、卓球、サッカー、スキー
・音楽
・建築家
・芸術家
・クリエーター
・登山家
世界的に活躍した日本人経営者
・松下幸之助（小学校中退）
・井植歳男（小学校卒）
・本田宗一郎（小学校卒）
・川上源一（高校中退）
・早川徳次（小学校中退）
・立石一真（専門学校）
・稲盛和夫（専門学校）
・日本人が、能力的に世界の他の国の人と比べて劣っているわけではない
・文部科学省のカリキュラムが行き届いていない分野に、世界で活躍する人材が多い
・彼らは、明確な目標と情熱を持ち、専門的な訓練・実践を日々積み重ねてきた
・個別インストラクターが∞を信じて力を伸ばす

資料:BBT総合研究所作成

出て世の中に出たので自分よりも３年、世間に対する感度が優れていると、俺は中学まで行ってしまったからやはり兄貴には敵わないと、独立した時に、三洋という名前にしたのです。つまり国内はもう兄貴に任せると、自分はインド洋・太平洋・大西洋の三洋でやるんだと、三洋電気にしたんのです。これもアンビションですよ。

私に言わせると、こういうそのグローバル企業を作った人は殆どがアカデミック・スマートではなくて、「ストリート・スマート」なのです。

今また必要なのは、アカデミックなスマートさも兼ね合わせながら、偏差値なんかにとらわれず、俺はどこまでもやれるというアンビションを持った人間なんだいうことですね。その人達を、やはり親かどこかの学校、或いはインストラクターが、個人教授をしてあげなくてはいけません。即ち、優れた人間はテーラーメイドでないと出来ません。

学校の中でそういうことをやるというのがフィンランド型やデンマーク型ということになる訳ですね（図3）。世界は、特に先進国の世界というのは皆、その際立った人材を育てるためにもの凄く特徴があることをやっています。

北欧が90年代におしなべてバブル崩壊の後、苦しみましたが、そこでリーダーシップにフォーカスします、また世界で活躍出来る人間、小さい国に閉じ込められていたら自分達の将来はないという事で始まった答えのない教育ですね。

これはデンマークで始まってフィンランドがすぐに移植して、今ではその成果が色々な国際的なコンテストでもフィンランドは常にトップに出てきます。

それからイギリスの方はもう最初からエリートしか育てない。そういう学校がボーディングスクールと大学とコンビネーションであります。イギリスの首相というのは殆ど全てこのシステムから出てきています。ですからデビット・キャメロンは今人気なくなっていますけれども、どこかの国の首相とは格が違います。

基礎力というのは、ここのところはやはりそのイートンそしてオックスフォード、ケンブリッジと、こういう過程で育った人というのはやはり凄く切磋琢磨されているということですね。

それから韓国は金大中の改革でＩＭＦ進駐軍にやられている間に二度とこの屈辱を味わいたくないということで大きく教育を変えています。

スイスとドイツは非常に似ていて実務教育を非常に重視し、大学に行かなくても飯が食えるような職能教育を半数以上の人に与えていますので国が非常に安定しています。両方とも失業率は低い、両

図3
世界各国は、国の競争力を高めるために必要な人材像を明確にし、そのための教育を取り入れている

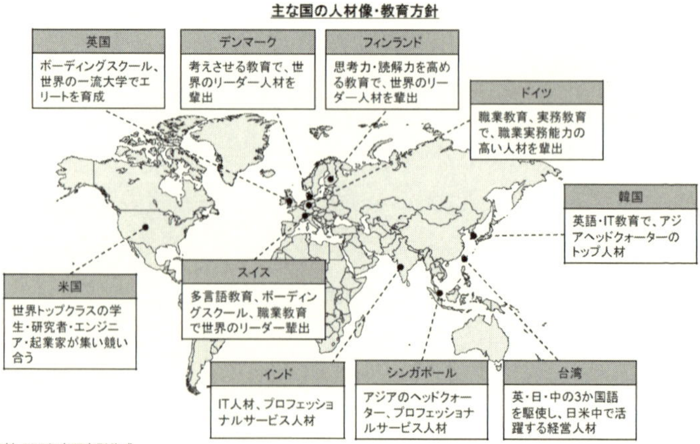
主な国の人材像・教育方針
英国
ボーディングスクール、世界の一流大学でエリートを育成
デンマーク
考えさせる教育で、世界のリーダー人材を輩出
フィンランド
思考力・読解力を高める教育で、世界のリーダー人材を輩出
ドイツ
職業教育、実務教育で、職業実務能力の高い人材を輩出
韓国
英語・IT教育で、アジアヘッドクォーターのトップ人材
米国
世界トップクラスの学生・研究者・エンジニア・起業家が集い競い合う
スイス
多言語教育、ボーディングスクール、職業教育で世界のリーダー輩出
インド
IT人材、プロフェッショナルサービス人材
シンガポール
アジアのヘッドクォーター、プロフェッショナルサービス人材
台湾
英・日・中の3か国語を駆使し、日米中で活躍する経営人材

資料：BBT総合研究所作成

©BBT総合研究所

方ともコストは高い、でも国際競争力があると、こういう国ですね。

シンガポールは、自分達が小学校の頃に10％だけ将来のエリートを選んで、それに匹敵する人間が足りなければ世界中から入れてしまいます。職能スペックを書き出して、輸入するというやり方ですね。

台湾は、もう明日、国がないかもしれないという危機感の下に、中国語は母国語ですから、親が日本語や英語を勉強させて、現在、世界最強の言語能力を持ってるわけですね。

アメリカは教育は駄目です。アメリカという国の教育は駄目なんですけれど優れた大学とボーディングスクールがあるので、極わずかの人達がそういう所に行きます。アメリカは平均値を上げようということはありませんし、国は教育に全く関与していません。全部州レベル以下です。もう州によってはガタガタです。

21世紀というのはもしかしたら非常に残念な事なんですが、全員がそこに行かなくても国力は作れるという事を日本が受け入れているというところがあり、徒競走で最後は皆で横に並んで行きましょうという様な日教組的な発想で進んでもこれは無理ですよね。この点が今の日本に問われているところなのです。

アメリカがいいと言ってあのやり方を真似るという事ではなくてリーダーを育てる、世界の中で活躍出来る傑出した人間を育てるというのはこういう事なんだというのを理解しないといけません。

（5）学歴インフレが進行している現状

今までのやり方で日本政府がやっていることは、皆さんはご存知と思いますが、工業化社会のあの教育で落ちこぼれた人間を少なくしましょうということ、国家予算の大半を落ちこぼれを修正する為に使っています。その落ちこぼれの修正というのは様々な点でゆとりが行き過ぎたので少し土曜日もやってくれとかね、親は機能しない教育をもっと夏休みもやってくれと、こういう感じですよね。

子供を駄目にする凶器というのは親なんです。うちの子は家で宿題をやらないから宿題をもっと出してくれ、もっとやってくれというのは駄目人間を量産してくれと親が頼んでいるようなものです。それでも追い付かないというと家庭教師を雇い、更にその駄目な教育に磨きをかけているということですよね。

かてて加えて大学を出た時に就職が出来ない、就職難民。これが政治的に問題と予算をつけます。しかも卒業してから３年間は新卒でいいですなどと、国家が率先して嘘をつきます。その期間に雇ってくれたら、国の方が半分出しましょうと、新卒の就職難民を雇ってくれたら半分は国が出しますと言うのです。

だから突出した人間を作るための予算ゼロで、工業化社会でさえも落ちこぼれた人を修正するために予算を使っているという事は、むしろディスカレッジですよね。

あいつは数学はズバ抜けて出来るけれど、あとは全部駄目と言ったらお前は駄目、偏差値は 23 と、こうくる訳ですよ。今の日本というのは駄目人間を育成・再製する凶器になっているという事ですよね。

一方、従来のやり方はどんなに完璧にやっても世界的には学歴インフレが進行しています。学卒者なんて言うのは掃いて捨てるほどですし、アメリカでも日本でも学卒者がどんどん増え、昔の様に大学行く人が少ない時代と違います。

中国ですが、大学出るといい給料もらえるということなら皆行ってしまうというのが中国ですよね。今年は 700 万人になりましたが、これでいうと 09 年で止まっていますけど 700 万人（図 4）。

図4
中国の大学卒業生数は増加している

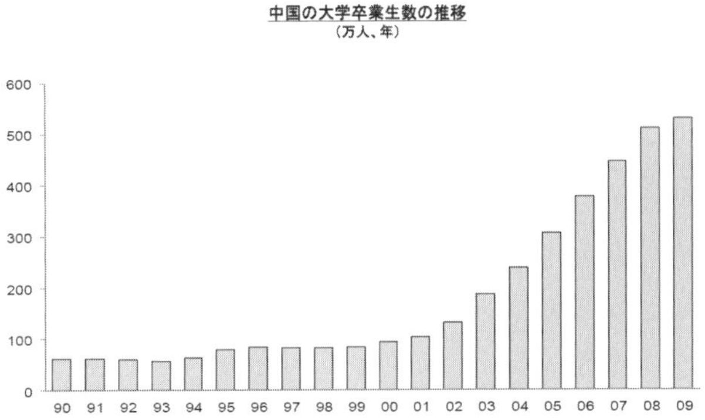

出所：中国統計年鑑2010年版
注：仕事に従事しながら学習する成人学生対象の成人大学などを除いた普通大学の卒業生

資料：「Science Portal China」科学技術振興機構

©BBT総合研究所

日本の7倍の大卒人口、日本は若い人の単年度が100万人位ですから、だから全員が大学出たとしても100万人ですが、そのうちの大学進学率というのを掛け算しますと中国は10倍の学卒生産能力を持っており、いわゆる生産キャパシティが中国はここまで行っているということで、学歴インフレです。学校に頼るというだけでは、何の価値もないという事を早く分かる必要があるんですね。

（6）エリート・リーダー教育の世界の取り組み

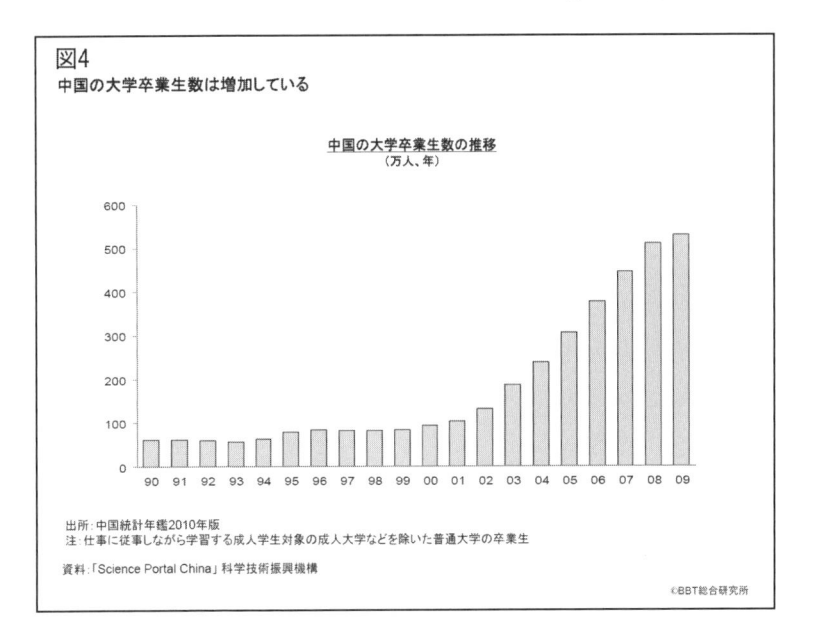

では世界はどうやってその一部エリートを育てているかというと、イギリスは言わずと知れたこのボーディングスクールです。全部500年位の歴史があります。それで授業料もそこそこ高いんですけれども、イギリスの歴代（首相）19人を生み出した、イートンカ

レッジ。それからチャーチルの後、7人を生み出したハローですね、それからラグビー。こういうようなところが高校全寮制です（図5）。

日本も戦前はそういうリーダーを産みだしていたんですが、あれは一中、一高が全寮制だったという事と関係しています。要するに全寮制の中でもまれるという事が全人格的な人間形成には極めて重要で、しかもこれらの所というのは多国籍型ですから。昔の一高みたいに似た者同士ではなくて多国籍型の全寮制という所でグローバル化とかグローバルマインドというのはそこで養成されます。

それからアメリカもこのフィリップスアカデミー、チョート・ローズマリーホールですね、これはブッシュとかケネディとかそういう人達は（ちょっと金持ちの臭いがして嫌なんですけれども）皆こういう所です。それからエマ・ウィラード、これ女子ですがそういう所に行きます。それでその後にアメリカのエリートは専門を学ぶために

図5

<ボーディングスクール>

かつての一中、一高のようにエリート養成は全寮制で早く始めるのがコツ

世界の主なボーディングスクール*

国	特徴	学校名	創立年	学費・寮費	概要
	全人教育で紳士を育てる	イートン・カレッジ	1440年	約3万£	歴代19人の首相を輩出。キャメロン首相やウィリアムとヘンリー王子もOB
		ハロウ・スクール	1572年	約3万£	英国寄宿学校の双璧の一角。ウィンストン・チャーチル卿等歴代7人の首相の母校
		ラグビー・スクール	1567年	4万4420£	1975年に共学化。校庭にはラグビー・フットボール発祥の地の碑が立つ
	選択肢の豊富さが魅力	フィリップス・アカデミー・アンドバー校	1778年	4万1300＄	米国で最も歴史のある学校のひとつ。ブッシュ元大統領親子の母校
		チョート・ローズマリーホール	1890年	4万7260＄	J.F.ケネディ元大統領の母校。海外19カ国を含む625人が寮生活を送る
		エマ・ウィラード・スクール	1814年	4万1550＄	伝統の女子校。制服はなく自由な校風
	世界のセレブ子弟が集まる	ル・ロゼ	1880年	7万3500CHF	世界最高のセレブ系寄宿学校。王侯貴族の子弟も学ぶ。専用の厩舎と馬場も
		エイグロン・カレッジ	1949年	7万CHF	英国系の名門校、生徒の4割が英語圏出身。全生徒の約8割が寮で暮らす。
	治安が良く、教育水準が高い	レイクフィールド・カレッジスクール	1879年	5万1245CAD	カナダ有数の進学実績を誇り、入学に際しては高い英語力と学力が必要
		アルバート・カレッジ	1857年	4万6300CAD	カナダ最古の共学の私立寄宿学校。留学生の受け入れを積極的に推進

*寄宿制中等教育学校。親元を離れ集団生活を通じて心身を鍛え、学業のみならず自立心や規律、協調の精神などを養う教育の場

資料：週刊ダイヤモンド 2011/8/6

すぐに大学には行かずに、歴史とか文化とか色んな教養的なものを学ぶために４年制のリベラルアーツのミッドウエストにある学校に行きます。ウイリアムズカレッジなんて言うのが非常に有名ですけどね。

デポーとかオバリンとかそういうふうな所で全部ミッドウエストに集中していますが、そこでみっちりと幅を広げてそれから専門は大学院に行きロースクール、それからビジネス・メディカルと、こういう風にして専門は大学院で行くというのが普通のパターンです。エンジニアだけは、学部からエンジニアリングをやっていないと、いきなりエンジニアリングの大学院は無理ですから、そういうルートを行くという事になります。

それからスイスのボーディングスクール、これはまあバカロレアを出すという事で有名です。向研会が去年行ったル・ロゼは、世界で一番授業料の高い全寮制のボーディングスクールですが、世界中の何十という国から指定が来ているという事ですね。それからエイグロン。スイスは多国籍企業で親が世界中回ってなかなか国に帰ってこないので、ボーディングスクールで預かるという伝統があります。従って親は子供を学校に預けて自分たちが世界中を転々と赴任していくという、グローバルカンパニーにとっては非常に理想的なシステムが出来上がっています。

そしてカナダは狙い目でしょうね。恐らくアメリカほどちょっと嫌味がないということと、やはり英語、フランス語を使うといった環境の中で高校時代を過ごすことが出来るという事です。外国の学生も非常にウェルカムというアルバートカレッジの様な所があり、その後の大学に関してはこれはもうアメリカの圧勝ですね。

世界の大学ランキングのトップ 20 の内の 15 はアメリカになっています（図６）。これらは非常な特徴がありまして、先生方を世界中から招聘し、学生も世界中から来るとこういうことです。

図6

米国には、世界トップレベルの大学が揃っている．．．極く一部の人だけが育つ仕組み

世界の大学ランキング*（2012年）

順位**	大学名	順位**	大学名
1(7)	カリフォルニア工科大学	16(15)	ジョンズ・ホプキンス大学
2(19)	スタンフォード大学	17(9)	ユニバーシティ・カレッジ・ロンドン（英）
3(2)	オックスフォード大学（英）	18(20)	コーネル大学
4(1)	ハーバード大学	19(29)	ノースウェスタン大学
5(10)	マサチューセッツ工科大学	20(38)	ミシガン大学
6(6)	プリンストン大学	⋮	
7(2)	ケンブリッジ大学（英）	27(17)	東京大学
8(5)	インペリアル・カレッジ・ロンドン（英）	29(33)	シンガポール国立大学（ｼﾝｶﾞﾎﾟｰﾙ）
9(22)	カリフォルニア大学バークレー校	35(18)	香港大学（香港）
10(7)	シカゴ大学	46(36)	北京大学（中国）
11(2)	イェール大学	52(40)	清華大学（中国）
12(42)	チューリヒ工科大学（スイス）	54(25)	京都大学
13(41)	カリフォルニア大学ロサンゼルス校	59(51)	ソウル大学（韓国）
14(11)	コロンビア大学	65(53)	香港科技大学（香港）
15(14)	ペンシルバニア大学	68(132)	韓国科学技術院（韓国）

・TOP20のうち15校が米国

・米国は教育が重要な産業。大学間の激しい競争がレベルの向上につながり、世界中から優れた人材が集まる

・寄附制度で財務が充実（研究費、奨学金等）

・アジアの大学は低迷、優秀な学生は米国へ留学

*評価指標：1.教育(30%)　2.論文引用(32.5%)　3.研究(30%)　4.国際(5%)　5.産学連携(2.5%)　**（　）は2007年の順位

資料：「The Times Higher Education World University Rankings 2012-2013」 Thomson Reuters

ランキングはどうやって決めるかというとビジネスウィークのランキングは学部別に出ていますね、MBAはどことかね、毎年変わります。これはどうやって測るかというと、卒業生の給料です。卒業生が、全部アメリカの場合には、新卒一括採用というシステムがないので一人ずつインタビューして給料を決めますのでその給料を全部足して頭数で割ったものが高い順にランキングになります。

あくまでも卒業生の給料で、様々な会社をインタビューして決めるのだから一番フェアじゃないかと。つまり競争にさらされ、それで決まっていくという様なことですね。

そういう意味ではアメリカの大学、大学院が非常に世界的にはトップクラスと思われていまして、ここにあるようにビジネス・エンジニアリング・リベラルアーツ・最近は一部NGO、NPO的なソシアルサイエンスですね（図7）。大学・留学生・大学院の留学生・

図7

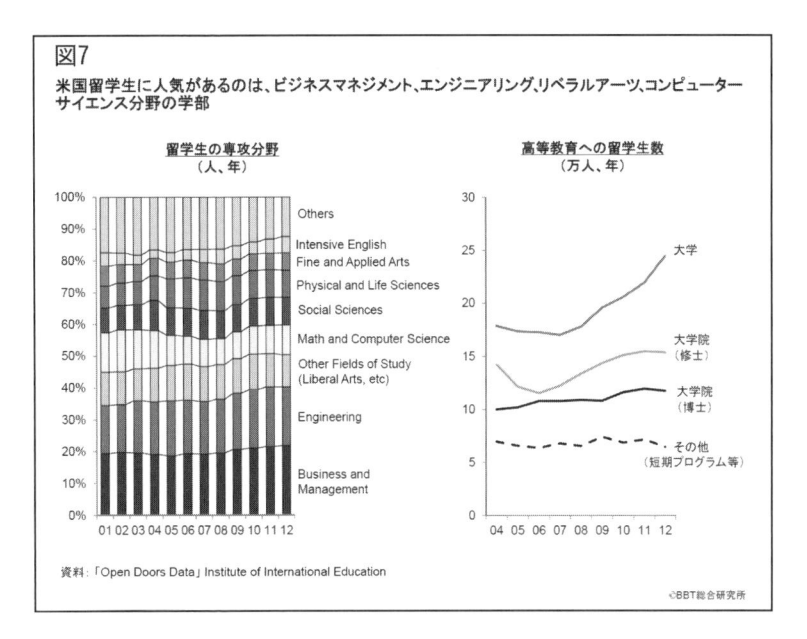

米国留学生に人気があるのは、ビジネスマネジメント、エンジニアリング、リベラルアーツ、コンピューターサイエンス分野の学部

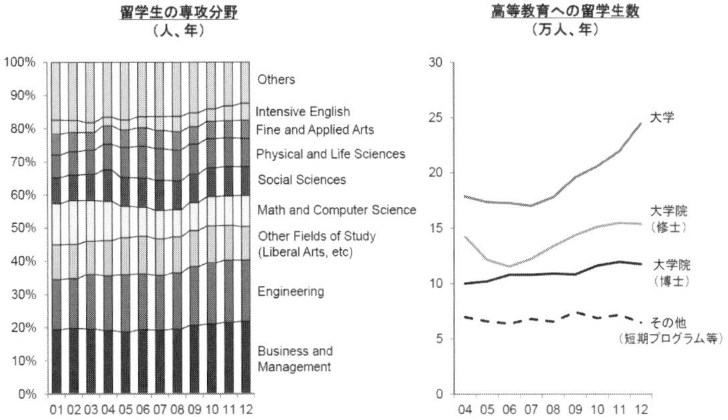

資料：「Open Doors Data」Institute of International Education

©BBT総合研究所

ドクターコースもアメリカでは、こういう感じです。

どこからきているかというと、かつては日本がトップです。それがちょうど2000年になる直前に、中国やインド、そして今では韓国にも抜かれ、台湾にも抜かれたとこういうことですね（図8）。

（7）教育で世界から遅れをとった日本のわけ

これは理由が２つあります。

一つは企業派遣が多かった、ただ企業派遣しても会社の方が変わっていませんので、そういう勉強してきた人を優遇できない、昇進昇級が同じ出世のパターンですから。だから嫌になって２年以内に辞めてしまうということで、高い金を出して派遣しても意味がないということで殆どの会社は企業派遣を辞めました、これが最大の理由です。

もう一つは今回話題になってきているTOEFLの試験ですね、TOEFLは英会話の力とかリスニングとかそういうのもテストしますが、TOEFLは英語と論理思考をテストします。日本人はその論理思考と英語が組み合わさったものが苦手なんです。だから非常に難しい、だけどハーバードとかMITはみんなTOEFLなんですね。ですからそういう事で、受かる人が日本の場合には今激減しています。TOEICで何とかスコアを取ってもTOEFLでは中々取れないという状況になっています。

図８の右側にあるようにこういう大学の留学生比率が非常に高い、東京大学1.7％ですよね、外国人教員比率これも学校によっては４割。だから生徒も世界中から、先生も世界中から、東京大学は６％の教員が外国と書いてあり、教養学部の語学の先生が殆どです

図8
米国には世界中から留学生が集まっており、なかでもトップクラスの大学には世界中から優秀な留学生や教授が集まりさらに競争力を高めている

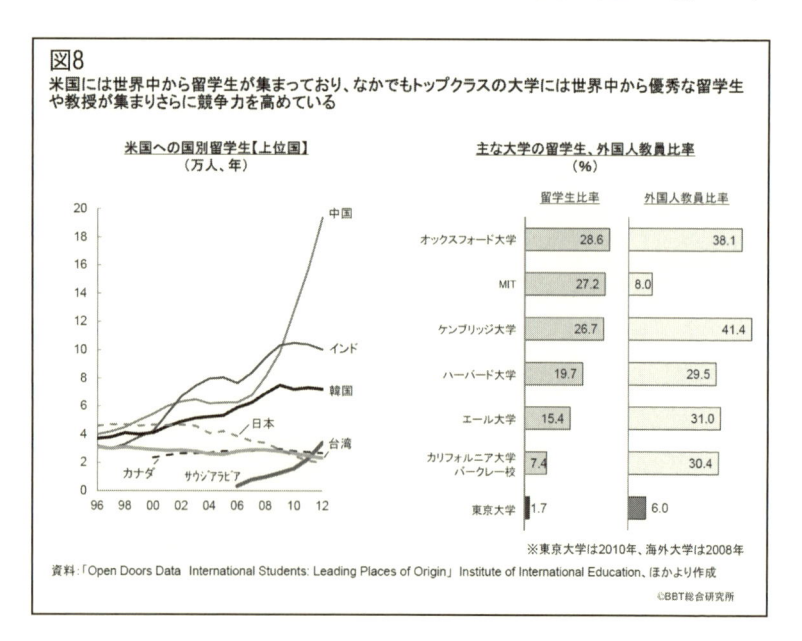

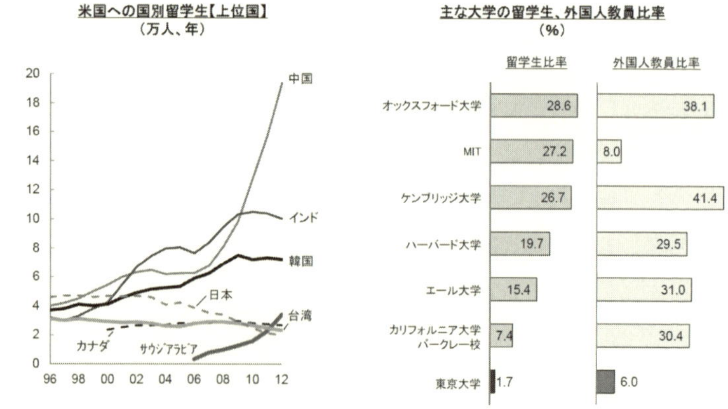

※東京大学は2010年、海外大学は2008年

資料：「Open Doors Data　International Students: Leading Places of Origin」Institute of International Education、ほかより作成

©BBT総合研究所

ね、ですからこういう事になってしまう。

お金の面では卒業生が母校に寄付をします。うるさいぐらい要求してきます。同時に功成り名を遂げると寄付をするという事で、ハーバードで一時、4兆円持っていました。リーマンショックの後、ガクッと減って今、2兆1千億ですね（図9）。エール・プリンストン・テキサス・スタンフォード・MITときますが、実はこれだけで経営出来るんです。

この年間運用利益というのはハーバードの場合には、大体年間で10％位で、リーマンショックの前までずっと続いていたので4千億円、従って全員の授業料0でもやっていけますが、ハーバードはそうしません。貧乏人だけど傑出した人間を無料にして、あとは1番高い授業料にして金持ちに来てもらうと。これを組み合わせてクオリティを維持しています。そしてこの金の大半を先生に注いで、い

図9

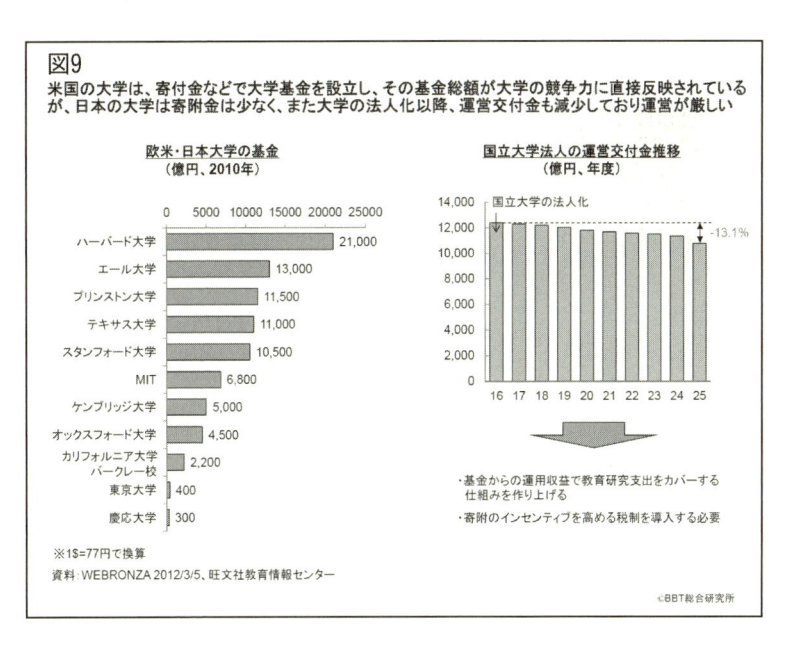

米国の大学は、寄付金などで大学基金を設立し、その基金総額が大学の競争力に直接反映されているが、日本の大学は寄附金は少なく、また大学の法人化以降、運営交付金も減少しており運営が厳しい

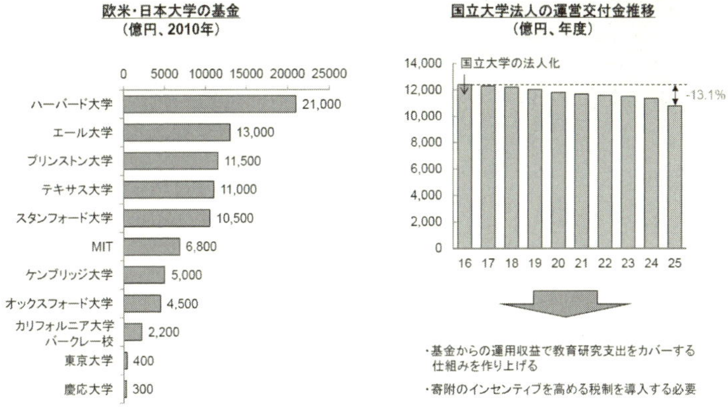

※1$=77円で換算

資料：WEBRONZA 2012/3/5、旺文社教育情報センター

い先生を世界中から集めてくるというやり方です。

（8）アメリカの落ち込み

それからアメリカの状況というのは良いことばかりではなく、先程言った様にそういう学校がある反面、全体としてはしようがないんだよと（図 10）。今、55 ～ 64 歳の人が高校に行ってた頃はアメリカの高校は世界一と言われていました。ところが今、25 ～ 34 歳の人が高校に行っていた頃では世界で 10 番目の学力といわれています。そして大学では 3 番（55 ～ 64 歳）で今（25 ～ 34 歳）13 番です。

それから幼稚園ですが、OECD の就学率は幼稚園で、（つまり学校より前の教育は）81％、アメリカは 69％。大学中退率は、アメリカ

図10
＜参考＞米国の就学統計

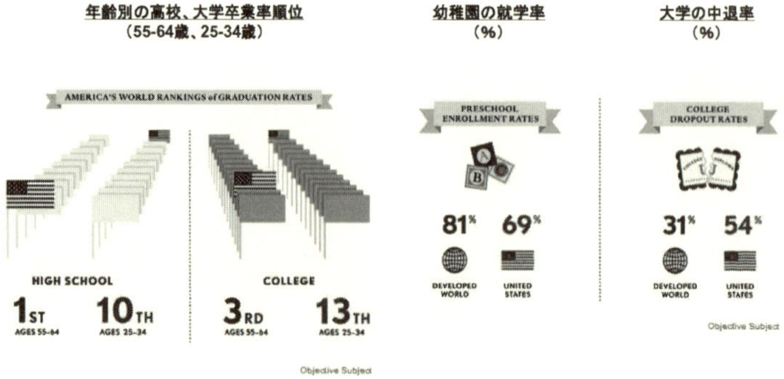

資料：The New York Times　2013/6/16

©BBT総合研究所

はすごく高くて54%、大学入ってインフレ気味ですから入って落っこってしまう、途中でドロップアウトしてます。

それから収入別のテストスコアということで、実は今、富の循環というのが問題になっています。昔は1943年に生まれた人達が行っていた頃のハイスクールは一番収入の低い10%の学生と、一番収入の高い10%の学生では、スコアで貧乏人の方が出来て、収入の高い人はボトムの人の約70%しか出来ていないということでしたが、今は逆転しまして、金持ちの方が127%になったという事で結局、金持ちの方がいい教育をして成績も良くなっているという事です。昔は何くそという事でボトムから這い上がってくるという事があったのが、今はアメリカでそれはなくなってきました（図11）。

右側（図11）はもっと極端で教育レベルによって収入がこんなに違うという事で、ハイスクールの前で終わった人が週給451ドル

図11

＜参考＞米国の就学統計 ー昔と違って「富の循環」が起こっている

収入別のテストスコア
（%、1943年、2000年生まれ）

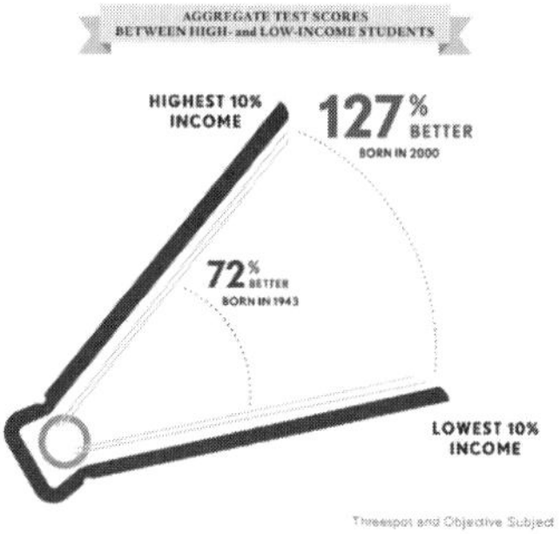

教育レベルと給与
（週給、30-34歳、2011年）

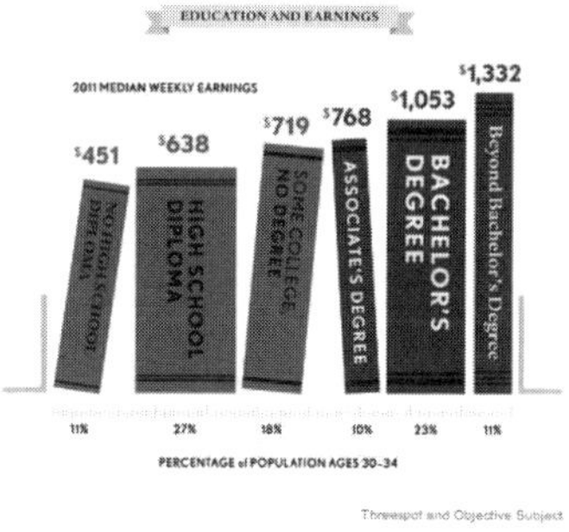

資料：The New York Times 2013/6/16

©BBT総合研究所

で、大学院とかそこまで行った人で1300ドルです。大学卒の人で1000ドル、こういう収入格差が実は子供の教育格差につながって成績格差にも繋がっているというのが、たまたま先週のニューヨークタイムズに出ていたグラフですね。ですからアメリカの場合には金持ちは益々いい教育を受けてリーダーになれ、そうではない人はボトムにへばりつくということになっています。

（9）安定した卒業生を育てるドイツ・スイス型特徴

次にドイツを見てみますと（図12）、ドイツは日本では想像つかない様な大学です。つまり大学の入学試験がなく、高校卒業資格というものがあり、それを持っているとどこの大学にどういう形で行ってもOK。自分の希望したカリキュラムを終わると卒業。入学

図12
ドイツでは、中学・高校の卒業試験に合格すれば、それが入学資格になってどこでも好きな大学に入学でき転校も自由である

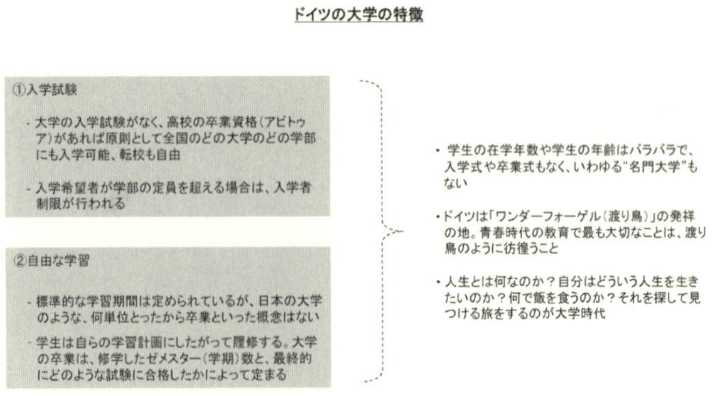
ドイツの大学の特徴
①入学試験
- 大学の入学試験がなく、高校の卒業資格（アビトゥア）があれば原則として全国のどの大学のどの学部にも入学可能、転校も自由
- 入学希望者が学部の定員を超える場合は、入学者制限が行われる
②自由な学習
- 標準的な学習期間は定められているが、日本の大学のような、何単位とったから卒業といった概念はない
- 学生は自らの学習計画にしたがって履修する。大学の卒業は、修学したゼメスター（学期）数と、最終的にどのような試験に合格したかによって定まる
・学生の在学年数や学生の年齢はバラバラで、入学式や卒業式もなく、いわゆる“名門大学”もない
・ドイツは「ワンダーフォーゲル（渡り鳥）」の発祥の地。青春時代の教育で最も大切なことは、渡り鳥のように彷徨うこと
・人生とは何なのか？自分はどういう人生を生きたいのか？何で飯を食うのか？それを探して見つける旅をするのが大学時代

資料：「週刊ポスト 2013/4/26」大前研一、「ドイツ大学改革の課題―ヨーロッパの高等教育改革との関連において―」木戸裕、他より作成

式もなければ卒業式もありません。ドイツはブランド大学が無いんです。

でもあの先生の所で勉強したいという際に１学期だけをそこに行き、受けるという事が出来るのです。だから自分でカリキュラムを作って転々とすると、あるいは親のそばだからと、一ケ所に居てずっと行ってもいいんです。だから大学は入学するのも自由、出るのも自由、入るタイミングも自由です。ユニットを自分でカリキュラム作って終わっていくというのがドイツの大学ですね。

従ってそれじゃちょっと不足だという人はドクターコースに行きます。その場合には１個の大学で１個の指導教授の下にドクターコースに行くという風になります。

ドイツの場合は学卒就業者が何％などという統計もありません。だから大卒就業率が90％を超えて大騒ぎする国というのはヨーロッパ的に見ると異常なんですね。イギリスは学卒で就職が決まる人は30％しかいませんから。30歳までに何か自分の天職見つけたらいいというのがヨーロッパの平均的な考え方です。

どういうシステムになっているかというとドイツの場合には年齢が左側に書いてありますが、10～16歳の間に将来の方向を自分達で決めるオリエンテーションを何回もやってそれでギムナジウムに行くか、職能学校に行くかという事ですね（図13）。

職能学校に行った人は、デュアルシステムといって週の内１日、２日は座学で理論的なことを教わります（図14）。それから３、４日は企業に行って実務をやります。だから旋盤工なら旋盤工の事をやりながら機械工学を勉強し、これを繰り返します。それで基本的には350種類くらいの職能がありまして、その中から選ぶ。自分はこういうもので一生食べていきたいという風になるわけです。

だから学校を出ると皆が腕に覚えがあるので食べていけるので

図13

一方、ドイツはギルド制の名残で、現在も職業意識が非常に高いため、高校卒業者の5割くらいは大学ではなくマイスターズスクール（職業訓練専門学校）に進んで手に職をつける

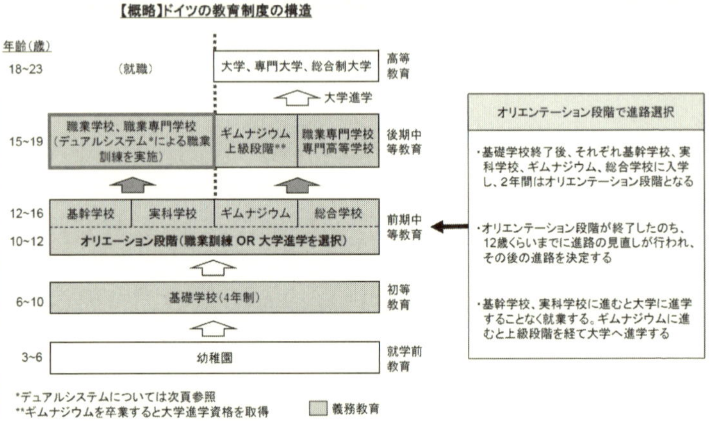

資料：「世界の学校」二宮 皓編著、海外職業訓練協会

©BBT総合研究所

す。社会は安定します。給料もその道を選んだ人と大学行く道を選んだ人と生涯給は変わりません。

また図14の右側にあるように、そういうドイツでは失業率がヨーロッパで最低です。今、全ての業種で全く足りないという事で、南ヨーロッパ、スペイン、ポルトガル、ギリシャからそういう人を呼んできて職能教育をした上でドイツ語の勉強をさせてこういうラインに突っ込んでいます。

ドイツは圧倒的に人が足りません。あれだけ高いコストで人が足りない一方、そういう事をやっていない、猫も杓子も大学とかそういう国は、学卒の人が基本的に路頭に迷って失業率50％で、EU全体での若年失業者は23％と、こういう状況ですね。

やはり日本は学校を出ても何の職能もないというのは非常に大きな問題で、ドイツのやり方は参考になると思います。地方によって

図14
「デュアルシステム」とよばれる職業訓練制度では、職業学校で教育を、企業で職業訓練を同時に進めることで、基礎知識と専門能力を身に付けた即戦力となる熟練労働者を養成している

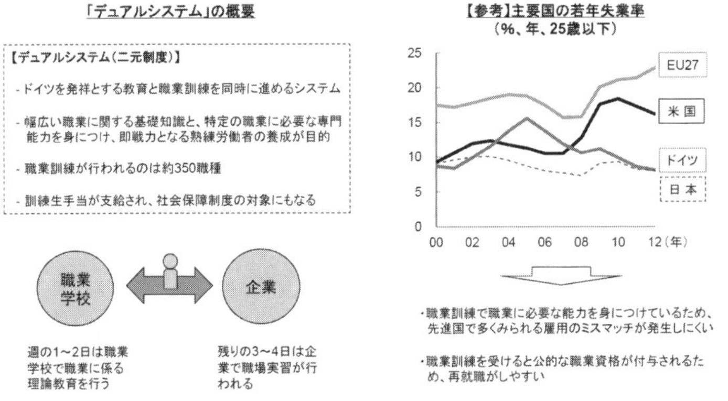
「デュアルシステム」の概要
【デュアルシステム（二元制度）】
- ドイツを発祥とする教育と職業訓練を同時に進めるシステム
- 幅広い職業に関する基礎知識と、特定の職業に必要な専門能力を身につけ、即戦力となる熟練労働者の養成が目的
- 職業訓練が行われるのは約350職種
- 訓練生手当が支給され、社会保障制度の対象にもなる
職業学校
企業
週の1～2日は職業学校で職業に係る理論教育を行う
残りの3～4日は企業で職場実習が行われる
【参考】主要国の若年失業率
（%、年、25歳以下）
25
20
15
10
5
0
00
02
04
06
08
10
12（年）
EU27
米国
ドイツ
日本
・職業訓練で職業に必要な能力を身につけているため、先進国で多くみられる雇用のミスマッチが発生しにくい
・職業訓練を受けると公的な職業資格が付与されるため、再就職がしやすい

資料：「世界の学校」二宮 皓編著、「日本と世界の職業訓練」堀内達夫他編、海外職業訓練協会、Eurostat

©BBT総合研究所

は（特に入学者が減っているような所は）、企業と協力してデュアルシステムを導入する必要があるのではないかと思います。

スイスは去年我々が行きましたが全く同じシステムですね（図15）。

逆にスイスの場合は大学行く人は大体20％位です。後の人は3分の2位は高校時代に職能の方を選んでしまうという事ですね。だから時計職人、パン職人、チョコレート職人とか、それこそ何でもいいという事になってきます。

そしてここは世界最高の給与ですね、そういう給与を稼ぐ職能という風になっています。

ですから焦って猫も杓子も大学へというのは、アメリカを見ても分かる様に、出てもどうしようもない大学というのが増えて（日本もそうですね）、それよりもドイツ・スイス型の安定した腕に覚え

図15
スイスも職業訓練制度が充実している

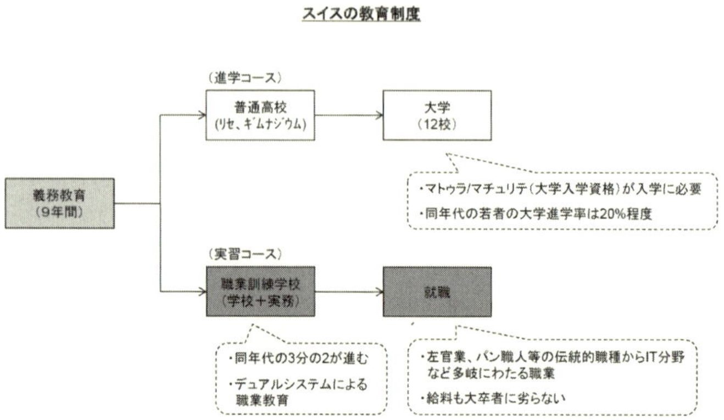

資料：Swissinfo.ch、JETRO

©BBT総合研究所

のある卒業生を育てるというのも非常に重要なことで、戦後の日本の大学というのはアメリカから来ましたのでこういう要素というのは全然入っていないんですね。それでヨーロッパ、特に北欧の教育と、韓国の教育というのはこの 10 年、5 年間で非常に大きく変わったんですけれども、OECD の調査で Programme for International Student Assessment というのがあるんですけれども、PISA ですね（図 16）。

これはこの 10 年間で日本はガクンと落ちて来ています。上の方に上がっているのはここにありますようにアジア系かフィンランド、まあ北欧系という事になりますね。カナダも比較的高く、ニュージーランドも時々善戦するということで、日本は相対的に落ちてきています。

図16

世界の初・中等教育は、「超詰め込み教育」(アジア型)と、「考えさせる教育」(北欧型)に、二分されてきている. . . 日本のやり方では「中途半端」になってきた

PISA*調査結果の推移(上位国)

	2000年 No.	国名・地域	得点	2009年 No.	国名・地域	得点
総合読解力	1	フィンランド	546	1	上海	556
	2	カナダ	534	2	韓国	539
	3	ニュージーランド	529	3	フィンランド	536
	4	豪州	528	4	香港	533
	5	アイルランド	527	5	シンガポール	526
	6	韓国	525	6	カナダ	524
	8	日本	522	8	日本	520
		(OECD平均)	500		(OECD平均)	493
数学的リテラシー	1	日本	557	1	上海	600
	2	韓国	547	2	シンガポール	562
	3	ニュージーランド	536	3	香港	555
	4	フィンランド	533	4	韓国	546
	5	豪州	533	5	台湾	543
	6	カナダ	529	6	フィンランド	541
	7	スイス	529	9	日本	529
		(OECD平均)	500		(OECD平均)	496
科学的リテラシー	1	韓国	552	1	上海	575
	2	日本	550	2	フィンランド	554
	3	フィンランド	538	3	香港	549
	4	イギリス	532	4	シンガポール	542
	5	カナダ	529	5	日本	539
	6	ニュージーランド	528	6	韓国	538
	7	豪州	528	7	ニュージーランド	532
		(OECD平均)	500		(OECD平均)	501

世界の初・中等教育の2大トレンド

超詰め込み教育国
・韓国
・中国(上海)
・香港
・シンガポール

考えさせる教育
・フィンランド

資料:「OECD生徒の学習到達度調査 Programme for International Student Assessment」OECD
*OECD参加国が共同して国際的に開発し、3年ごとに実施している15歳児を対象とする学習到達度調査

(10) アジア型詰め込み主義か北欧型「考えさせる教育」か

世の中は上の方に行くにはアジア型詰め込み主義（日本の40年位前と同じ様な）、韓国でやっていますが、そういうスタイルか、北欧型の「考えさせる教育」か、どちらかなんです。日本はライトセンター間に落ちて、全然、中途半端になって来ているという事なんですね。新しいモデルが出来上がっていない。

上海はいずれもトップです。ここで中国という統計ではなくて上海という統計がある事が重要なんです。実はですね、華僑、昔の中国の官僚選抜の試験、受かった人は、殆ど浙江省と江蘇省なんです（グレーター上海ですね）。そういう所が中国の中では断トツの教育レベルという事になっていまして、日本に留学してきた人でも上海

から来た人がいつもトップになります。そういう事で、このような統計では上海が自主的に参加します。

韓国は金大中の時に大改革をしまして、グローバル化・IT 化・そして英語という事でこの英語の力、韓国は日本と同じくらい英語が駄目でしたけれども今は凄くコミュニケーション力がついてきて、韓国の大企業などは TOEIC のスコアが相当高くないと入れない（図 17）。もちろんソウルナショナルに入るのも大変ということですよね。

それで官僚になるという事で、これからの韓国は、まあこの 15 年位の間に育った人というのは官僚でも皆、英語が喋れます。

それから一方良いことばかりではなくて韓国は大学進学率が 86％と高すぎます（図 18）。大卒就職率は日本は 90％を超えていて、これは異常な高さなんですが、韓国は半分です。若年失業率は増え、

図17

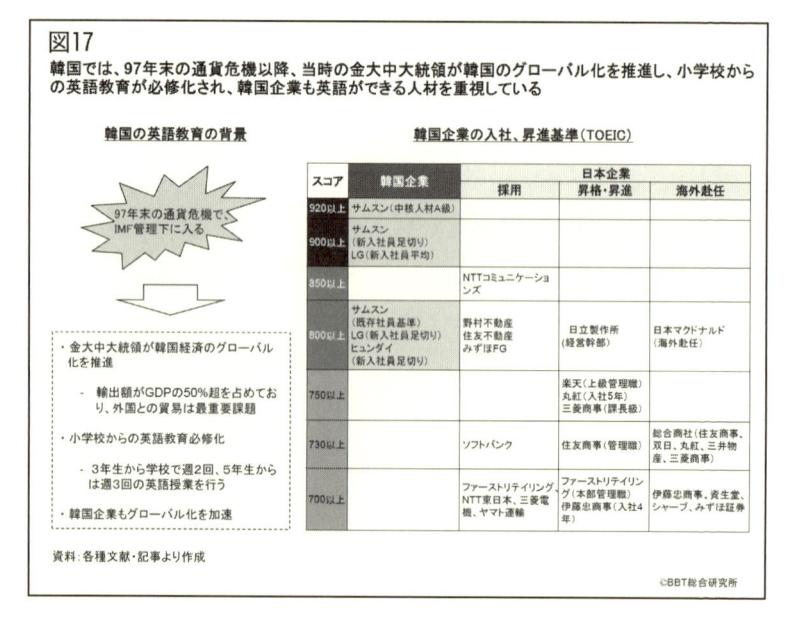

韓国では、97年末の通貨危機以降、当時の金大中大統領が韓国のグローバル化を推進し、小学校からの英語教育が必修化され、韓国企業も英語ができる人材を重視している

韓国の英語教育の背景

- 金大中大統領が韓国経済のグローバル化を推進
  - 輸出額がGDPの50%超を占めており、外国との貿易は最重要課題
- 小学校からの英語教育必修化
  - 3年生から学校で週2回、5年生からは週3回の英語授業を行う
- 韓国企業もグローバル化を加速

韓国企業の入社、昇進基準（TOEIC）

スコア	韓国企業	日本企業		
		採用	昇格・昇進	海外赴任
920以上	サムスン（中核人材A級）			
900以上	サムスン（新入社員足切り） LG（新入社員平均）			
850以上		NTTコミュニケーションズ		
800以上	サムスン（既存社員基準） LG（新入社員足切り） ヒュンダイ（新入社員足切り）	野村不動産 住友不動産 みずほFG	日立製作所（経営幹部）	日本マクドナルド（海外赴任）
750以上			楽天（上級管理職） 丸紅（入社5年） 三菱商事（課長級）	
730以上		ソフトバンク	住友商事（管理職）	総合商社（住友商事、双日、丸紅、三井物産、三菱商事）
700以上		ファーストリテイリング、NTT東日本、三菱電機、ヤマト運輸	ファーストリテイリング（本部管理職） 伊藤忠商事（入社4年）	伊藤忠商事、資生堂、シャープ、みずほ証券

資料：各種文献・記事より作成

図18

韓国では、大学進学率が高いが、就職できる確率は低く、若年層の失業率も高い．．．「狭き門」は必ずしもうまくいっていないが、トップ企業にとっては都合がいい

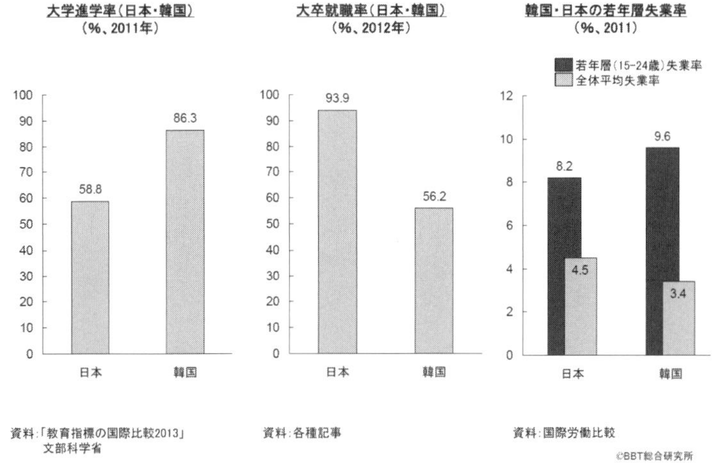

政治的には大きな問題という事ですね。全体の失業率はまだ低いんですが、親はその狭き門に対して狂ったみたいに金を使います。従って GDP に対して 8％の教育負担、うち 4.9 が公的負担、3.1 は個人的負担（図 19）。

韓国の親は大変です。これが出来ないとなるともう自分の子の将来はないということで、母親と子供が一緒にアメリカに行きます。アメリカに留学する人が非常に増えている理由はこれですね。韓国の中でこの門をくぐれそうもない時はアメリカに行ってしまう。

シンガポールですが、これはリー・クアンユーが、国家の最大の資源は人材だとして 2 言語教育に能力主義という事で、この場合にはもう超エリート主義ですね（図 20）。

またフィンランドが非常に重要な所ですが、フィンランド・デンマークは、90 年代の経済危機の時に、こんな狭い 600 万人の国に

図19
そのため、韓国では、幼少時代から家計の教育費負担が高い

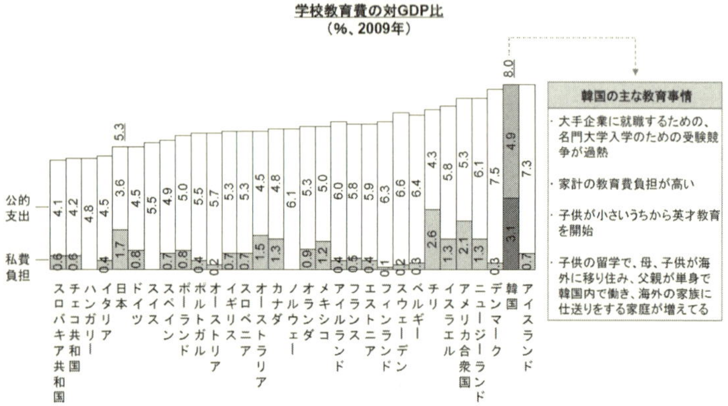
学校教育費の対GDP比
（%、2009年）
公的支出
私費負担
8.0
5.3
スロバキア共和国 4.1 0.6
チェコ共和国 4.2 0.6
ハンガリー 4.8
イタリア 4.5 0.4
日本 3.6 1.7
ドイツ 4.5 0.8
スイス 5.5
スペイン 4.9 0.7
ポーランド 5.0 0.8
ポルトガル 5.5 0.4
オーストリア 5.7 0.2
イギリス 5.3 0.7
スロベニア 5.3 0.7
オーストラリア 4.5 1.5
カナダ 4.8 1.3
ノルウェー 6.1
オランダ 5.3 0.9
メキシコ 5.0 1.2
アイルランド 6.0 0.4
フランス 5.8 0.5
エストニア 5.9 0.4
フィンランド 6.3 0.1
スウェーデン 6.6 0.2
ベルギー 6.4 0.3
チリ 4.3 2.6
イスラエル 5.8 1.3
アメリカ合衆国 5.3 2.1
ニュージーランド 6.1 1.3
デンマーク 7.5 0.3
韓国 4.9 3.1
アイスランド 7.3 0.7
韓国の主な教育事情
・大手企業に就職するための、名門大学入学のための受験競争が過熱
・家計の教育費負担が高い
・子供が小さいうちから英才教育を開始
・子供の留学で、母、子供が海外に移り住み、父親が単身で韓国内で働き、海外の家族に仕送りをする家庭が増えてる

資料：「教育指標の国際比較　2013年版」文部科学省

©BBT総合研究所

図20
<シンガポール>
資源のない小国のシンガポールは、「人材」の育成を国家の最重要課題として取り組んでいる

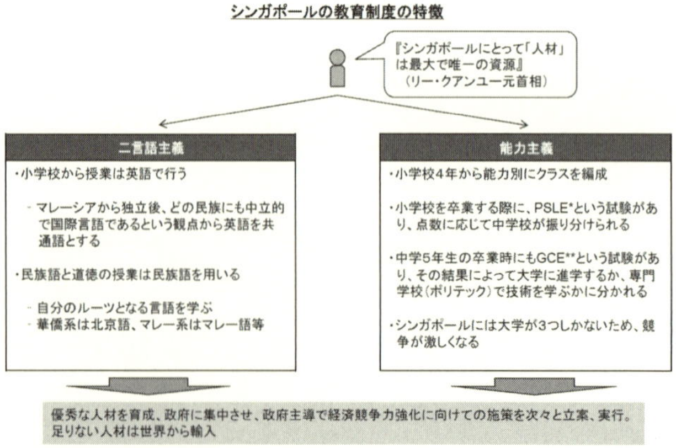
シンガポールの教育制度の特徴
『シンガポールにとって「人材」は最大で唯一の資源』
（リー・クアンユー元首相）
二言語主義
・小学校から授業は英語で行う
- マレーシアから独立後、どの民族にも中立的で国際言語であるという観点から英語を共通語とする
・民族語と道徳の授業は民族語を用いる
- 自分のルーツとなる言語を学ぶ
- 華僑系は北京語、マレー系はマレー語等
能力主義
・小学校4年から能力別にクラスを編成
・小学校を卒業する際に、PSLE*という試験があり、点数に応じて中学校が振り分けられる
・中学5年生の卒業時にもGCE**という試験があり、その結果によって大学に進学するか、専門学校（ポリテック）で技術を学ぶかに分かれる
・シンガポールには大学が3つしかないため、競争が激しくなる
優秀な人材を育成、政府に集中させ、政府主導で経済競争力強化に向けての施策を次々と立案、実行。
足りない人材は世界から輸入

*Primary School Leaving Examination　** General Certificate of Education

資料：「世界の学校」二宮 皓編著、海洋政策研究財団、ほかより作成

©BBT総合研究所

閉じ込められていたら自分達の将来はないとして、世界に出かけて行き活躍出来る人間を育成すると、デンマークと一緒に「考える教育というものにシフトしました（図21）。

起業家養成コースなども幼稚園からあります。幼稚園からアントレプレナシップコースという感じですね。何をやるのかというと、八百屋さんに連れて行きます。そしてこのおじさんがなんで飯を食っているのかを考えさせる。そうすると、仕入れる、お金払う、そして売れ残って棚の上で腐って、損をする、このお父さん食えないよねと、こういう議論をして、八百屋さんをうまくやっていくには、子供を食べさせていくのにはどうするべきかと、こういう教育をやるのです。

そしてその次は君、果物屋に行って自分で組み立ててごらんと、こういう教育を幼稚園からやります。稼ぐというのはこういう事で、

図21

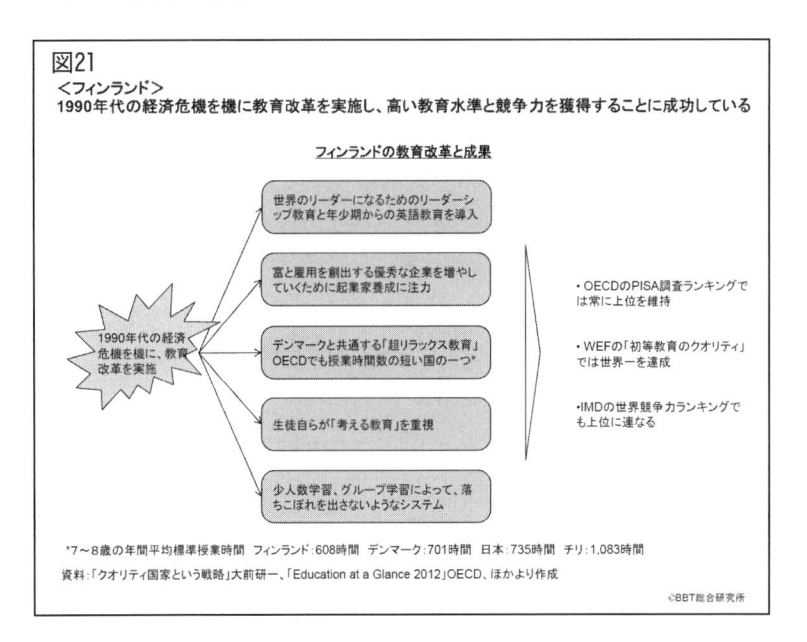

<フィンランド>

1990年代の経済危機を機に教育改革を実施し、高い教育水準と競争力を獲得することに成功している

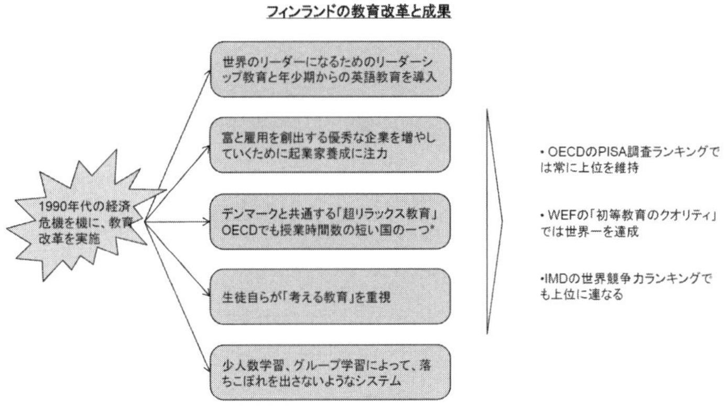
フィンランドの教育改革と成果
1990年代の経済危機を機に、教育改革を実施
世界のリーダーになるためのリーダーシップ教育と年少期からの英語教育を導入
富と雇用を創出する優秀な企業を増やしていくために起業家養成に注力
デンマークと共通する「超リラックス教育」OECDでも授業時間数の短い国の一つ*
生徒自らが「考える教育」を重視
少人数学習、グループ学習によって、落ちこぼれを出さないようなシステム
・OECDのPISA調査ランキングでは常に上位を維持
・WEFの「初等教育のクオリティ」では世界一を達成
・IMDの世界競争力ランキングでも上位に連なる

*7～8歳の年間平均標準授業時間　フィンランド：608時間　デンマーク：701時間　日本：735時間　チリ：1,083時間

資料：「クオリティ国家という戦略」大前研一、「Education at a Glance 2012」OECD、ほかより作成

©BBT総合研究所

商売というのはこういう事だというのを教えるんですね。皆に考えさせます。どうしてこのお父さんは飯が食えてるのかと、こういうやり方ですね、答えがない。例えば、教える教育（図22左側）「2＋3はいくつ？5だよ5、分かったね？」と、○×。考える教育（図22右側）だと○×が無いです。「5って何なんだろうね？」と、0＋5でもいいし、3＋2でもいいじゃないですかと、幾ら答えがあってもいいじゃないと目的によって違うんですね。

リンゴ5つをどう分けるか？ということならそこでまた違う議論がでるじゃないですか。こういうものが「教えない教育」なんです。それをクラスでディスカッションする。

人間の記憶力というのは何に基づいているかと、講義を受けたものというのは平均記憶率というのは5%、読んだもの10%、視聴覚教材を使うとよくなって20%、実験機材などを使ってやる

図22
フィンランドでは、生徒が「教えられる教育」ではなく、生徒自らが「考える教育」を重視している

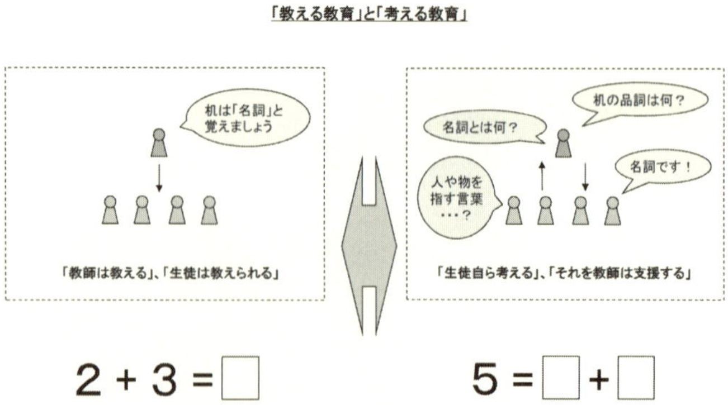
「教える教育」と「考える教育」
机は「名詞」と
覚えましょう
「教師は教える」、「生徒は教えられる」
机の品詞は何？
名詞とは何？
名詞です！
人や物を
指す言葉
・・・？
「生徒自ら考える」、「それを教師は支援する」
2 + 3 = □
5 = □ + □

資料：「フィンランド・メソッド入門」ほか各種資料より作成

©BBT総合研究所

と30%。日本の教育というのはこれより上の方だけですよね（図23）。

北欧の考える教育、教えない教育は下が中心です、グループ討議残存率50%、体験を通した学習、八百屋に行った果物屋に行った、これは75%。他人に教えさせるんです、「君は分かっているようだからこの人に言ってあげて」と、他人に教えると残存率は90%。科学的に残存率が高い方向にシフトする、当たり前なんですが日本は上だけですから。

日本は○×によってテストが決まり、人生が決まり、偏差値が決まりますから。またもう一つ非常に悪い性格が身に付きます。それはテストの日に全てが蒸発すると、だからこう30%なんて書いてますがテストが終わると覚えていないのです。これが日本の優れた教育です。

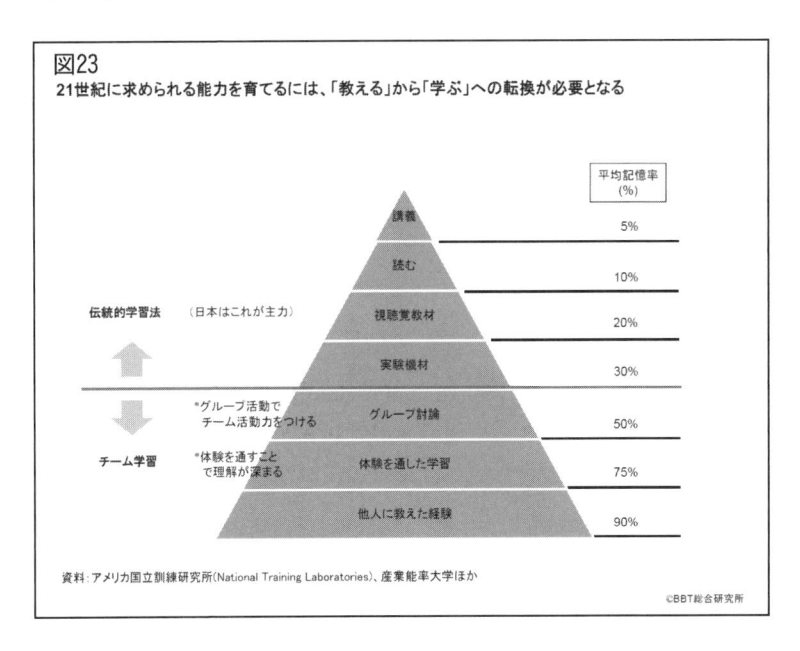

図23

21世紀に求められる能力を育てるには、「教える」から「学ぶ」への転換が必要となる

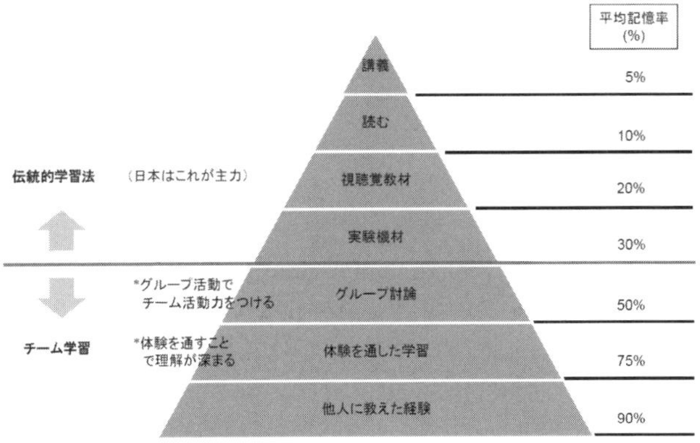

資料：アメリカ国立訓練研究所(National Training Laboratories)、産業能率大学ほか

©BBT総合研究所

北欧がなぜ下に行ったか分かるでしょ？　身に付くのです。これは科学的根拠があるという事ですね。

ということで、その講義型ティーチングと対話型ファシリテーションの違い。teach という概念から learn、そして teacher ではなくてファシリテータ。そしてチームで答えを導き出して、一つに絞って実行するという、当たり前のことですけどこういう教育がデンマークを筆頭に北欧に行き渡ったということですね（図 24）。

スウェーデンはそれを更に進めて、地方に教育権を下ろしたんですが、貧乏な地方ではこれが全くうまくいかずに、スウェーデンの国際テストではガタガタになりました（図 25）。

また親が金持ちの所は（図 25 右側）、数学などでは親が中卒というところは非常に不合格率が多く、英語はその次（親が英語喋れませんので）という風になり、この格差が広がったということで、これ

図24
教師の役割が、ティーチャーからファシリテーターへと変わる

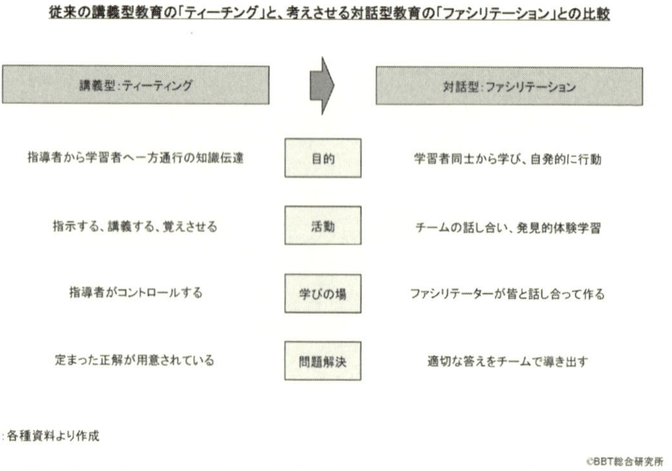
従来の講義型教育の「ティーチング」と、考えさせる対話型教育の「ファシリテーション」との比較
講義型:ティーティング
対話型:ファシリテーション
指導者から学習者へ一方通行の知識伝達
目的
学習者同士から学び、自発的に行動
指示する、講義する、覚えさせる
活動
チームの話し合い、発見的体験学習
指導者がコントロールする
学びの場
ファシリテーターが皆と話し合って作る
定まった正解が用意されている
問題解決
適切な答えをチームで導き出す
資料:各種資料より作成
©BBT総合研究所

図25
スウェーデンでは、1990年代の2つの教育改革により、生徒の学力が大幅に低下し、教育格差も拡大しつつあり、教育改革を進める一方でナショナルミニマムをいかに保障するかが課題となっている

スウェーデンの教育改革

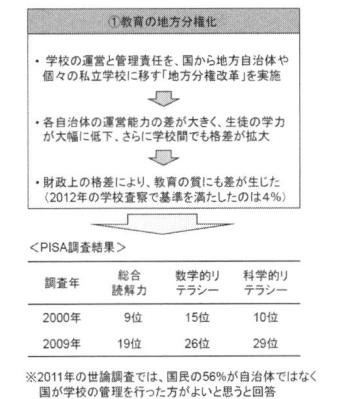

①教育の地方分権化

・学校の運営と管理責任を、国から地方自治体や個々の私立学校に移す「地方分権改革」を実施

・各自治体の運営能力の差が大きく、生徒の学力が大幅に低下、さらに学校間でも格差が拡大

・財政上の格差により、教育の質にも差が生じた（2012年の学校査察で基準を満たしたのは4%）

<PISA調査結果>

調査年	総合読解力	数学的リテラシー	科学的リテラシー
2000年	9位	15位	10位
2009年	19位	26位	29位

※2011年の世論調査では、国民の56%が自治体ではなく国が学校の管理を行った方がよいと思うと回答

②フリースクール改革

・「個人の選択の自由を尊重する」という名目の下、公立学校と並行して、私立制の学校を導入し、個々人が行きたい学校へ通学可能に

・富裕層、中産階級以上の多くは、地域の公立学校ではなく、都市部のフリースクールを選択

・低所得者、移民は公立学校に通い、教育格差に

<全国テストで不合格点を取った生徒の割合（2012年）>

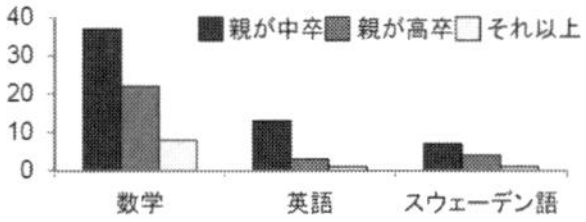

資料:「崩壊するスウェーデンの学校制度」JBPRESS 2013/4/30、「OECD 生徒の学習到達度調査」OECD

©BBT総合研究所

に対してフリースクール（スウェーデンは授業料が無料ですから）に頼ってきて、やはり金を払ってでもいい学校行きたいよねという事でそちらが優勢になってきています。だからスウェーデンは少し行き過ぎたという感じですね。

以上を整理致しますと、国・地方・学校・親というこの4つが大きく21世紀に舵を切らなければいけない、全員が一斉に。日本・シンガポール・英国・フィンランド・ドイツ・スイス・米国とこうやって見てきましたが、パーフェクトな所はどこもありません（図26）。

ただ割り切りとして工業化社会の日本は、あれだけ成功した教育制度を持っていた。その次に何をやるというところでは、これからは人が少なくなるので北欧型の方に舵を切らないといけないでしょう。少なくとも一部は舵を切らないといけないでしょう。

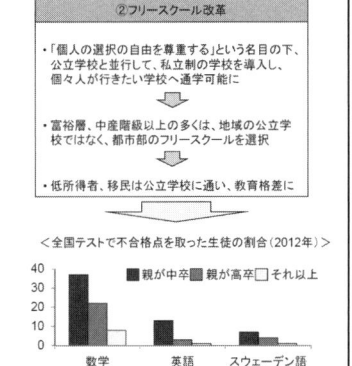

図26

＜参考＞教育における国、地方、学校、親（家庭）の役割
ドイツ、スイス、米国など、連邦制の国では地方（州）が独自に教育方針を定めている

教育における国、地方、学校、親（家庭）の役割

	日本	シンガポール	英国	フィンランド	ドイツ	スイス	米国
国	国が教育課程を設定	国が教育課程を設定	国が教育課程を設定（88年サッチャー内閣より実施）	国が教育課程の枠組みを策定	国としての基準はあるが強制力は弱い	国としての基準はあるが強制力は弱い	政府は教育内容や制度を統制する権限をもたない
地方	国の教育課程に従い学校を指導、監督	―	88年までは地方が教育課程を策定	国の教育課程に、地方の実情を加味した内容を策定	各州が教育課程の基準を策定	各州が教育課程の基準を策定	州や学区の教育委員会で教育課程を作成
学校	国の教育課程に従った教育を行う	国の教育課程に従った教育を行う	国の教育課程に基づき、各学校で教育課程を策定、実施	国と地方の教育課程に沿って、学校が年間指導計画を策定、実施	州の基準に基づき、学校の判断で授業内容・時間を計画する	州の基準に基づき、学校の判断で授業内容・時間を計画する	州や学区の基準に基づき各学校で教育課程を策定、実施
親（家庭）	学校に教育もしつけもアウトソーシング	学校に加え、塾に通わせて受験勉強をさせる	在宅教育（ホームエデュケーション）も認められている	家庭ではしつけが中心。親は子供に生きていくための様々な術を伝授する	家庭ではしつけが中心	家庭ではしつけが中心。子供をボーディングスクールに預けて海外勤務	在宅教育（ホームスクーリング）も認められている

資料：各種資料・文献より作成

（11）日本の教育の問題点

文科省の指導要領全国一律、少なくとも一部は自由にしてやって下さいということですね。

それでオンラインで出来ないのかということで、私もオンライン教育をやっていますが、MOOC ということで Massive Open Online Course ですね、これは世界中で非常に様々な所がトライしていますが、うまくいっていません、彼らはキャンパスに生徒が来てもらいたいという風に思っているんで、我々みたいにキャンパスがない所だと諦めもいいんですけれどね（図 27）。

そういう事で無料でやってもこれは続いていない。唯一例外が、カーンアカデミーです（図 28）。サルマン・カーンはインド系の人

図27

世界のトップ大学の無料公開オンライン講座　MOOC（Massive Open Online Course:ムーク）が普及しつつあるが、まだまだ、学習を持続させるための工夫が十分でない

主な公開オンライン講座

公開オンライン講座	参加大学	講座数	内容
コーセラ（Coursera）	スタンフォード大学、コロンビア大学、プリンストン大学、ロンドン大学、東京大学など62大学	223	スタンフォード大学の2人の教授が設立。世界で270万人が登録
エドエックス（EDX）	MIT、ハーバード大学、京都大学など12大学	24	MITとハーバード大が共同設立した非営利組織。マイケル・サンデル教授の講義「JUSTICE」も視聴可能。登録者70万人
ユーダシティ（Udacity）	スタンフォード大学	22	スタンフォード大学の教授3人が設立、コンピュータサイエンスが専門。登録者40万人
フューチャーラーン（Futurelearn）	バース大学、レスター大学、ノッティンガム大学などの英国内の12大学	-	英国のOpen Universityにより設立された非営利組織。2013年春開校

- MITが10年間無料オンライン授業を行ったが、なかなか効果は上がらない
- 単なるオンライン授業では、受講者の「気合」が持続しない
- オンライン授業ならではの仕掛け、工夫が必要となる

- 受講料は基本的に無料
- 受講者は映像で講義を見るだけでなく、宿題や試験を経て、水準に達すれば修了証を受け取ることができる
- 大学や企業は、受講者の得意分野や成績を把握し、優秀な人材の獲得につなげる

資料：各種資料・報道より作成

図28

<参考>
初等・中等教育向けの無料オンライン講座で有名になったカーンアカデミーは、試行錯誤しながら、子供の学習の集中力を持続させるための工夫をしている

カーンアカデミーの概要

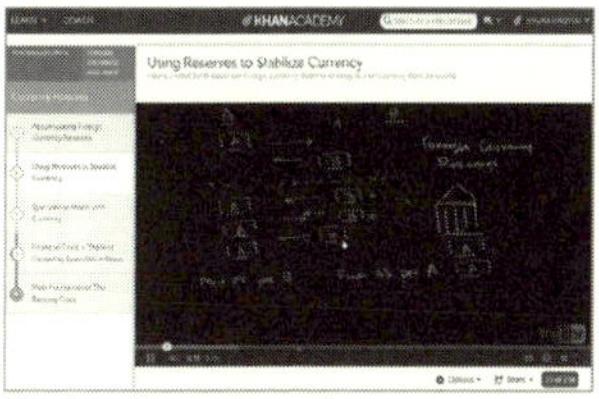

https://www.khanacademy.org/

- カーン・アカデミーは、2006年にインド系アメリカ人のサルマン・カーンによって創設
- カーンは、MIT（マサチューセッツ工科大学）で数学と科学の修士号を修め、その後ハーバード大学でMBAを取得。卒業後は、ヘッジファンドのマネージャーとして、大金を稼いでいた
- 『ネットを通して高水準の教育を、誰にでも無償で、どこででも受けられるようにする』という構想に共鳴した、ゲイツ財団、グーグル、有名VCなどが、カーン・アカデミーに多額の寄付

講座の特徴と成果

- 教師の顔が出てこず、画面に集中できる
- 子供の集中力が持続するよう、ビデオは10分程度
- テストをクリアしない限り、次の授業に進めないため、個人の学習進捗度合いに合わせた授業設計が可能となる
- 学習進捗で躓いている子供に対しては、理解度の進んだ別の子供が教えるという、ピア・トゥー・ピアの教育を取り入れている

この授業を取り入れた、学校では、「授業を自宅で」受けさせ、「学校で宿題」行うようにして効果が上がった

資料：khanacademy.org、各種記事より作成

なんですが、アメリカで大成功した後、このお金を無料の遠隔教育システムに注ぎ込んで、1単位10分で生徒が解るまでやってあげ、解った生徒には他の人に教えさせ、クリアすると次のコマに行ける。今アメリカだけではなくてカザフスタンとかロシアとか、そういう国の人が無料なのでこれをもの凄い数で受けています。

そしてこういう良い教育が受けられるという事で、ビル・ゲイツがこれを見て非常に感動してゲイツ財団もお金を入れています。

日本のもう一つの問題は、学校で学んだ事はあまり役に立たないんですが、その後20年経ったらもっと忘れていますよね。だから再教育を受けるために高等教育機関に戻ってくるということにもなりますが、そのOECDの平均は20%です。日本は3%でOECDの中でダントツ最低です。理由は二つあります（図29）。

一つは（勉強は学校と思っていますから）、学校出たからもういい

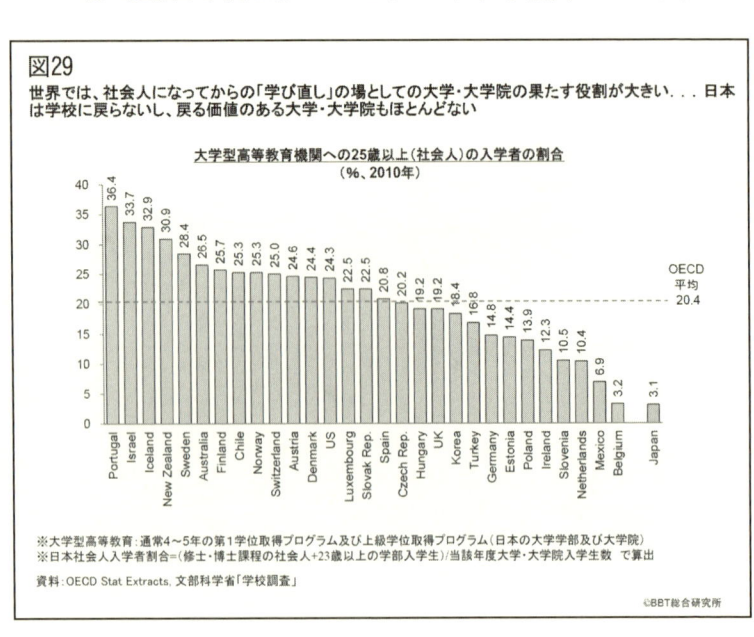

図29

世界では、社会人になってからの「学び直し」の場としての大学・大学院の果たす役割が大きい．．．日本は学校に戻らないし、戻る価値のある大学・大学院もほとんどない

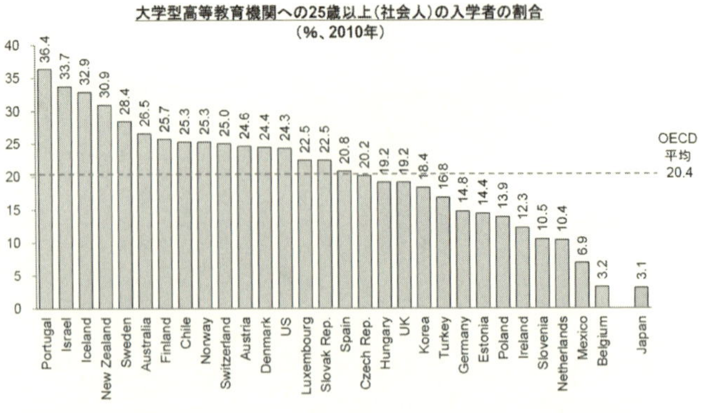

※大学型高等教育：通常4～5年の第1学位取得プログラム及び上級学位取得プログラム（日本の大学学部及び大学院）
※日本社会人入学者割合=（修士・博士課程の社会人+23歳以上の学部入学生）/当該年度大学・大学院入学生数　で算出

資料：OECD Stat Extracts, 文部科学省「学校調査」

と、勉強はもうこれで終わりだと。学び直しという事が日本の場合にはコンセプトに無いんです。勉強は一生なんだよ、新しいこと一杯あるからもう一回学び直しておいでというものがない。アメリカ人は学び直しの為にマスターにもう一回行くとか、更にその時間を工夫して働きながらドクターに行くとか結構多いですよね。

もう一つは、戻る価値のある大学が無い。先生は20年前と同じような事やっていますから。何だ俺の頃と同じじゃないかとこうなりますよね。そういう事で両方に大きな問題があります。

（12）再教育、企業の場合

この問題は21世紀には由々しき問題です。だからと言って企業がそれを直すだけのプログラム持っている所は非常に少ないわけですよね。

従って企業の中で日本の場合は一括採用は総合職、中途採用は外様という感じですよね。

そして20世紀型のこのやり方から抜け出してる企業は非常に少ない。

グローバル企業はまるでここを変えています。世界中どこで採った人も社長までの距離は一緒という中で、幹部候補生というものを割に早く選びます。

その選んだ人達を更に集中的に教育し、評価して、そして最後は4～5人に絞っていくというやり方をして後継者を決めるという事です。

世界一流企業の人材採用と人事ファイルというのを見るとこの違いが如実に出ます。一括採用は無いので、採用の時は個別です（図30、31）。

図30

日本企業の採用方式、入社後の企業教育、幹部候補の選別方法では、社員が自ら学ぼうというインセンティブが働きにくく、それが企業の人材格差にもつながる

各国企業の採用、企業教育、幹部選別の特徴

	採用方式	入社後の企業教育	幹部候補の選別方法
グローバル企業	・世界統一基準で採用 ・国籍・採用地域を問わず、能力で人材を選定し、採用する	・大学院などの高等教育機関を活用 ・企業内大学での研修	・社長までの距離は同じ(国籍は無関係) ・幹部候補生を選定し競争させる ・海外市場での経験を必須とする
欧米企業	・インターンやギャップイヤーでのアルバイト等を経て採用 ・経験者・能力のある人材を、中途採用で採用し、幹部に抜擢	・大学院などの高等教育機関を活用	・管理職前後の若手社員から将来の幹部候補生を選抜、計画的に育成と配置を行う
韓国企業	・インターンや半年程度の試用期間を経てから採用 ・欧米留学組(MBA、エンジニア)などを中途採用、幹部に抜擢	・売上の1%を人材育成に投資 ・地域専門家制度(サムスン) ・大半の研修を内部人材で行い、研修ノウハウも社内に蓄積	・世界各地の新卒から幹部クラスまでキータレントを400人を選抜し、韓国に集めて研修(LG電子)
日本企業	**・新卒一括採用 ・「総合職」での採用 ・中途採用は外様扱い**	**・入社前研修 ・OJT中心**	**・年功序列で昇進、50代で幹部になる ・花形部門から社長が出る ⇒"20世紀型"から抜け出せていない**

資料：各種資料・文献より作成

©BBT総合研究所

図31

企業にとって最重要な経営資源は人材であるが、日本企業はその人材の採用・評価に関するノウハウのDB化や、教育を人事部に任せきりで企業トップのコミットメントが不足していることが問題である

世界一流企業の人材採用・人事ファイルの仕組み

＜採用段階＞

- 社長自ら採用テストを作成する
  - 自分の会社の、この部門にはこういう人材が必要であるという人材像を明確にする
  - 人事部に任せきりにしてはいけない
- 面接とノウハウのDB化
  - 面接官を5人選んで、その5人それぞれが良いと評価した人材のその後のパフォーマンスをトラックする
  - 採用後、パフォーマンスが良かった人材を採用時に評価した面接官と、そうでない面接官とで比較し、どの評価で採用を決めると成果が上がるかを、データベース(DB)化しておく
  - 面接テストでの質問をノウハウを蓄積する

＜人材DB＞

- 世界の一流企業の人事ファイルを見る必要がある
- ロングハンドでの記述式
  - この人にこういうことのマネジメントを任せたら、こういうことをやって、結果こうなった
- 日本は人事昇格で、○×△の評価のみ

＜後継者選定＞

- GE、IBMなどは、カリスマ経営者の後もパフォーマンスを維持
- GEトップは、毎週金曜のディナーに、内部の数百人のリーダーと1対1で食事をする
- 候補者の中からさらに5人に絞って、最終選抜の課題を与える
- トップが人事に、10%以上の時間を使っている

最重要な経営資源である人材の採用・評価とそのノウハウの蓄積に関しては、企業トップが人事にコミットすることが必須。人事部に任せきりにしてはいけない

資料：大前研一

©BBT総合研究所

その時にどういう人を採るのかというのは社長が決めなくてはいけません。人事部に任せたら駄目です。社長が質問をちゃんと用意してそれを５人の面接官がやるという感じですね。

面接官のデータベースが必要です、「こいつは凄い！採れ！」と言った人がいた。Bさんは「こいつは駄目。」と言った。採りました、そして５年後10年後にどっちの採用官が正しかったのかというのが分かるじゃないですか。これをデータベース化して、採用に最も向いている人間と、最も向いていない人間というのが別れます。

IBMなどは10万人の中から200人位を選びます。コルトンビルで徹底的な教育をして、最後は５人位選んで、これが後継者の候補です。５人に全部違う事をやらせます。その結果一番顕著な業績を上げた人間を、しかもそのGEならGEの将来の一番の課題というものに最適な人間を選ぶ。残った人４人は、全く心配いりません。アメリカ中で高給優遇もいいところです。それだけのレースに生き残ってきた人間というのはヘッドハンターにとっては憧れですから、何の心配もない。

だからその天才経営者が居た会社はGEのジャック・ウェルチの後、イメルトは大変だろうと思いましたが、彼の方が業績を伸ばしています。

それからルー・ガスナーは、IBMの天才経営者、中興の祖。あとが大変だろうと思ったけどパルミサーノ、全然、問題なく伸ばしたじゃないですか。こういう過程で選んでるからなんですよね。

日本の優れた経営者のいる会社は逆に「アラブの春」化しやすいんです。リビアでもエジプトでも、独裁者を追放した後には組織出来ないじゃないですか。パナソニックとかシャープなど、皆この状況です。「アラブの春」、日本の企業です。これはやはり非常に大きな問題です。

このシステムがあればそういう事は無いです。日本の場合、優秀な会社というのは、そういう優れた経営者がいるところが多いのですが、こういうシステムを持っていないんです。だから次の人が5人いるなんて贅沢はないんです（一番自分の寝首をかかない人にしてしまいますから）。ですからどうしようもなくなるという状況で、まさにシャープ現象ですね。

日本の電器会社は全部、内輪揉めです。東芝も醜いくらい内輪揉め、NECも富士通も訴訟に至るくらい、全部そうです。理由は外の敵が強すぎる。だから内ゲバが始めるということで全学連の末期と同じですよね。この事は非常に重要なことです。やはり人事サイドから選んでいけるようにしなくてはいけないという事ですね。

（13）人材は国力を決める一番大きな武器

従って結論を言いますと、21世紀教育の目的をはっきりして、義務教育は高校まで伸ばし、社会性のある人間を育てるという、一言で言えば義務教育の目的をlearnするシステムに移行する。優れた人にはメンター、ファシリテーターを早期に導入してあげる。

大学はもうアカデミックだなどと言わないで、飯を食えるようにすべきであり、一部の大学は自治体と組んで、企業と組んでデュアルシステムのようなものを導入するというのが非常に有効ではないかと思います（図32）。

人材というのは国力を決める一番大きな武器ですから、この危機意識というのを持ちこの問題を解決しましょうと。本当に変えると韓国でも5年後、フィンランド・デンマークでも5年後には変わっています。教育システムが変わると5年間で意外に代わるんですね。親も変わり、企業も変わる。

図32

教育で最も大事なことは、「社会性のある人間を作る」こと、「メシを食べていく手段を身に着けさせる」ことの2点である。前者は義務教育、後者は大学の役目である．．．今は両方とも中途半端

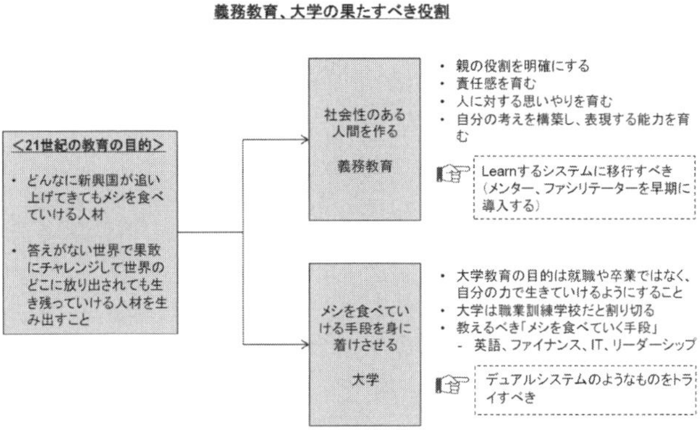
義務教育、大学の果たすべき役割
＜21世紀の教育の目的＞
・どんなに新興国が追い上げてきてもメシを食べていける人材
・答えがない世界で果敢にチャレンジして世界のどこに放り出されても生き残っていける人材を生み出すこと
社会性のある人間を作る
義務教育
・親の役割を明確にする
・責任感を育む
・人に対する思いやりを育む
・自分の考えを構築し、表現する能力を育む
Learnするシステムに移行すべき（メンター、ファシリテーターを早期に導入する）
メシを食べていける手段を身に着けさせる
大学
・大学教育の目的は就職や卒業ではなく、自分の力で生きていけるようにすること
・大学は職業訓練学校だと割り切る
・教えるべき「メシを食べていく手段」
- 英語、ファイナンス、IT、リーダーシップ
デュアルシステムのようなものをトライすべき

資料：「最強国家ニッポンの設計図」、「新・大前研一レポート」、「民の見えざる手」ほかより作成

©BBT総合研究所

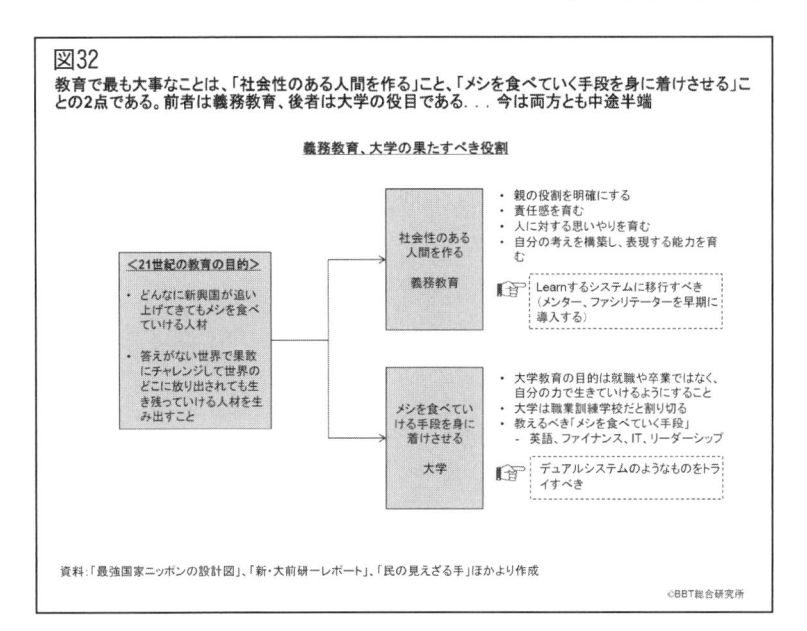

従って20年掛かるんではないかという人がいますが、私が見た韓国とかデンマーク・フィンランドは5年で変わっており、そこから先は新しいトーンで行くようになります。

ですから「政府」は、教育の目的を、「世界のどこでも通用する人間を育てる」こととし、「義務教育」を社会人の育成、大学は腕（職能）、食える・稼ぐ事が出来る能力の習得が目的だよと目的をはっきりさせる（図33）。

バウチャー制に移行し、親が学校を選べるようにする。今のように文科省が学校に交付金を出して、そこに生徒が行くようにするというのではなくて、学校を競争にさらして（大体中高時代は1人70万円位を日本は掛けていますから）、70万円を親にあげ、それで選ばせる。そうすると学校の方は選ばれないといけないということで、改革が一気に進むと思います。

図33

日本全体で、国の人材力・国力の低下に危機感を持ち、21世紀への生き残りをかけて、人材育成・教育に真剣に取り組まなければならない

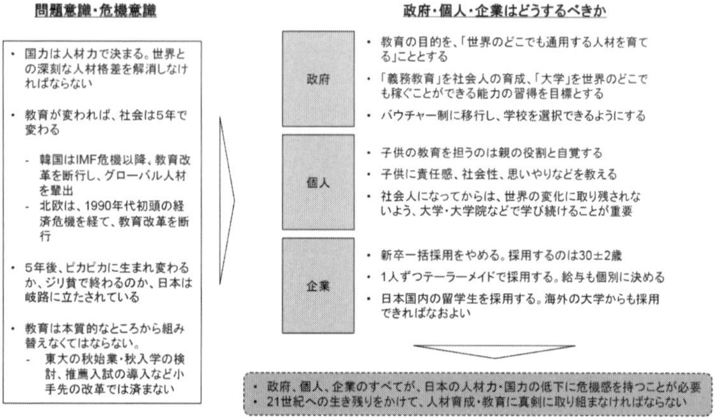
問題意識・危機意識
・国力は人材力で決まる。世界との深刻な人材格差を解消しなければならない
・教育が変われば、社会は5年で変わる
- 韓国はIMF危機以降、教育改革を断行し、グローバル人材を輩出
- 北欧は、1990年代初頭の経済危機を経て、教育改革を断行
・5年後、ピカピカに生まれ変わるか、ジリ貧で終わるのか、日本は岐路に立たされている
・教育は本質的なところから組み替えなくてはならない。
- 東大の秋始業・秋入学の検討、推薦入試の導入など小手先の改革では済まない
政府・個人・企業はどうするべきか
政府
・教育の目的を、「世界のどこでも通用する人材を育てる」こととする
・「義務教育」を社会人の育成、「大学」を世界のどこでも稼ぐことができる能力の習得を目標とする
・バウチャー制に移行し、学校を選択できるようにする
個人
・子供の教育を担うのは親の役割と自覚する
・子供に責任感、社会性、思いやりなどを教える
・社会人になってからは、世界の変化に取り残されないよう、大学・大学院などで学び続けることが重要
企業
・新卒一括採用をやめる。採用するのは30±2歳
・1人ずつテーラーメイドで採用する。給与も個別に決める
・日本国内の留学生を採用する。海外の大学からも採用できればなおよい
・政府、個人、企業のすべてが、日本の人材力・国力の低下に危機感を持つことが必要
・21世紀への生き残りをかけて、人材育成・教育に真剣に取り組まなければならない

資料：「新・大前研一レポート」、「大前研一通信」ほか

「個人」としてはやはり親が教育の主導を握らないと駄目です。駄目な教授や駄目な学校に任せて、家に帰ってきたら「あなた宿題やりなさい」と言っているようでは駄目です。もっと駄目になりますから、先生の言う通り育ってもうまく育ちませんから。

そういう意味ではやはり自分でテーラーメイドをする。企業も、一括採用をやめ、もし採るのであれば30プラスマイナス2歳位の、28～32の人を採る。新卒を採るというのは、いわば社会に純化させるために自分が6年間、金を注いでいるとも言えますので、やめた方がいいです。28歳位で社会の悲哀が分かった人を第2就職で、個別に採用し、給料も個別に決める方がいいです。

32歳過ぎると前の会社に10年いて、悪い癖が付いていることもありますから、その場合は、治らないということで、私の見つけ出したゴールデンルールは、30プラスマイナス2歳で採るのが一番

いいという事なんですね。ですから一人ずつ採って一括採用、一括昇進はやめましょうという事ですね。

21 世紀のこういう人材を危機感を持って育てて欲しいと思います。

文科省は変わりませんから皆さんの会社の中でまずは変えて頂く、その中で変わっていってもらうことが重要であり、これしか無いだろうというのが私の結論です。

（大前研一アワー 328　2013/7/20）

※ 3 章（4 節）に、「世界の教育トレンド」について、BBT 大学、BBT 大学大学院、BOND-BBT MBA の学生達の関連するエアキャンパス（AC）コメントを紹介しております。

3．日本の教育の問題点

（1）米国は、強者を呼び込むが日本は、強者が逃げていく！

「日本人は何で食っていくのか」というのがこれからの時代の中心的なテーマですよ。世界で活躍できる日本人をいかにして作るかが今、教育に求められている。工場で言えば、こういう製品を作りたいというイメージを提示してから作るわけですが、結果としてどういう人を作りたいのかというイメージなしに教育改革の議論をすると、必ず「新学期を９月に」とか「国立１期校と２期校を一緒に」というような話しか出てこない（笑）。今の教育制度を若干手直しするくらいでは何も変わりませんよ。私は企業のコンサルタントを長年やっていますが、その企業の悪い点を全部洗い出してそれを社長に報告しても、それは「悪いところのない、つまらない会社」になるだけです。いい会社にしようと思ったら、見込みのある部分に注目して、そこをひたすら強くするというやり方をするしかない。

ひとりもリーダーを生まない国が世界でリーダーシップを奪うことは到底不可能です。戦後の日本は、盛田昭夫や本田宗一郎、松下幸之助など、世界に冠たる人間を輩出し、彼らが今の日本の基礎を作った。戦後の混乱期から這い上がった彼らは、必ずしも学校で優秀だったわけではありません。アカデミック・スマートではなく、現場で優れた能力を発揮できるストリート・スマートが、世界に冠たる日本のブランドを作った。

日本はこれまで落ちこぼれ防止だとか、皆が同じレベルになるように横並びの教育を施してきましたが、21世紀型の社会で同じようなやり方をしていてはインドや中国にはとてもかないませんよ。もちろん最低限の教育は国がキープすべきですが、同時に日本が重視しなければならないのは傑出した人間を何人出せるかです。例えばゴルフでもタイガー・ウッズや宮里藍のようになれるのはほんの数人です。スポーツや音楽の世界では個人教育は常識ですが、一般社会ではなかなかこの考え方が認められない。すべてにおいて平均的な人間は大量生産の工業化社会では通用しても、21世紀の社会では役に立ちません。

これは、いわゆる東大出のエリートを何人育成するかということではなくて、世界のどこに行っても聴衆を集められる音楽家や、世界中どこのスタジアムへ行っても活躍できるイチローや松井秀喜選手のような真のプロフェッショナルをどれだけ育てられるかという話です。企業の経営にしても、今までのように日本の中で車座になって、うまくいったと言っていても駄目です。日本企業が世界を舞台に活躍する時代におけるリーダーシップとは、言ってみればイチローのように環境が変わってもきちんと実力を発揮できるかどうかです。

一方、アメリカは開放経済なので、自国で人材を育てなくても世界中から優秀な人間が集まって来る。アメリカ社会は、世界から強者を集めるだけの魅力を持っていますが、日本はむしろ強者が逃げていく仕組みが出来上がっている。

私は元祖・道州制の提唱者ですが、これは議論をしていたら絶対に先に進まない問題なんです。

（CIRCUS 2006/12月号「世界レベルで活躍する最強のビジネスマンになる方法」KKベストセラーズ）

（2）「ストリート・スマート」なリーダーを目指せ

私はビジネスリーダーを育てる学校（株式会社ビジネス・ブレークスルー）をやっていますが、週末と夜だけ通ってＭＢＡも取れる（www.bbt757.com）。そういうところに通うと仲間や知識が増えて、世の中に対する見方が変わる。ウジウジしながら往復の通勤で疲れ果てて、週末は丸太ん棒なんていう日々を送っているうちに、気がついたら、そろそろ肩叩きの歳になりましたなんていうのが日本のサラリーマンの典型です。まず、自分の周囲の景色を変えない限りは何も変わりません。

今、起業してお金を稼いでいる連中よりも高校時代はオレの方が優秀だったという人は世の中に大勢いるはずです。高校時代に優秀だった人は、自分は答えが分かっていると思い込んでいて、そのままの状態でフリーズしてしまっているんです。今、お金儲けをしている人は、むしろ高校時代には優秀じゃなかった人が多い。高校のクラス会に行けば分かりますが、20年たってみると、稼いでいるお金は、高校時代の席順のちょうど逆になっている（笑）。

必ずこれでメシが食えるというものをひとつ見つけるためには2年くらい没入してもいいと思う。定年してから10年、20年と余るんですから、2年ぐらい先に使ってもいいじゃないですか。2年あれば大抵何かでメシを食えるようになりますよ。ただし、学校に行ったら取れるような資格だけあっても駄目です。資格プラス、スキル。「明日からすぐに来てくれ」と言われるだけのスキルを身に付けられるかどうか。出身大学なんか関係ありませんよ。例えば世界的な建築家の安藤忠雄さんに「どこの学校を出たんですか」なんて聞く人はいませんよ（笑）。安藤忠雄は安藤忠雄です。キミの能力が欲しいからこれだけの高給を払うよ、と言わせることができるかどうか。そういう意味では、これからのプロフェッショナルは、スポーツ選手や音楽家などと非常に近い存在になる。まさにストリート・スマートがリーダーになり得る時代だと言えるのではないでしょうか。

（CIRCUS 2006/12 月号「世界レベルで活躍する最強のビジネスマンになる方法」KK ベストセラーズ）

（3）21 世紀型子育てのすすめ

●日本の教育制度は平均値の高い均質な国民を作り続けてきた

戦後の日本の学校教育システムは「加工貿易立国」のために作られたものです。簡単に言えば、大量生産・大量消費社会を目指した世の中のニーズに合わせて、平均値の高い均質な国民を作ろうという考えで出来上がりました。

これは高度成長期までは非常にうまくいきましたが、経済が低迷する 21 世紀の今となっては、疑問符が付かざるを得ません。

例えば、iPS 細胞を開発した京都大学の山中伸弥教授もそうですが、やはり突出した一個人の影響というのは、ものすごく大きいわけです。たった 1 人の研究で、世界じゅうの流れが変わりました。ｉ PS 細胞は病気の治療にも使えるかもしれないと、世界中が一斉に研究開発を始めて、医療の現場での実用化を目指しているわけです。

それは、1 人の人間がいかに大きなトリガー（物事を引き起こすきっかけ）になりえるか、ということを示しています。今の日本では「突出した個人」が突破口を作ってまったく新しい分野を開拓しないかぎり、発展や成長は望めないのです。

●放っておいてもよくならない。自衛するしかない

アメリカという国は、大多数が移民か移民の子孫で、一攫千金のチャンスをつかもうとする人たちが、ハリウッドやシリコンバレーをはじめ国じゅうにあふれています。アップル創業者のスティーブ・ジョブズにしても、父親がシリア人で、「ハーバード出のエリート」とは、別世界の人でした。

ちなみに、比較的裕福な家庭に育ったマイクロソフト創業者のビル・ゲイツは、ハーバード大学には行きましたが、途中でドロップアウトしています。

アメリカの場合は、依然として、海外からの刺激要因である異分子を自国の活力源として取り込むことができています。日本はそれができないために、このままでは経済が復活しないのではないかと思います。

というのは、今の文部科学省の教育方針、カリキュラムを見るとわかりますが、やはり、まだ平均値を上げようとしています。そして、突出した個人を作るどころか、「卒業しても就職できない人は、3年目までは新卒と言っていい」とするなど、文科省全体で〝落ちこぼれ捕集器〟みたいなことをやっています。底辺を底上げすることに注力して、トップを引き上げることにはあまり関心がないようです。

諸外国では、20歳ぐらいで大学を卒業させて〝ガンガン世界に出て行け〟と、国際競争力を重視した教育をしています。それなのに、日本は、「27歳でもまだ新卒」と、およそ国際競争力を無視した教育方針です。自国の病状を理解していません。ここにきて平均値の高い人をいくら作っても、底辺を底上げしても、中国の200分の1ぐらいの規模にしかなりません。

だからこそ、「この国はほうっておいてもよくならない」「学校

に任せておいたら20世紀型の人材にしかならない」という認識を持つ必要があるのです。それに気づいたら、ぼくは「自衛するしかない」と思います。

かなり自己中心的な考え方なのですが、自分と、自分の家族と、友だち、自分が経営する会社や勤めてる会社――ここだけをよくする、その代わり、そこだけはピカピカに磨いてやる、という発想に、なるべく早く変えたほうがいい。

それは、「教育は、学校任せにはできない、家庭でしかできない」という覚悟です。その覚悟を持てないようなら、子どもの将来は本人に任せるしかありません。「好きなようにやらせる」。親は妨害しない。

●たとえば、桐朋の音楽学部……ヒントは既に日本の中にある

日本にとっての救いは、文科省のカリキュラムのないところでは、突出した個人がいっぱい出てきて、若くして世界的に活躍しているということです。スポーツ界では、ゴルフ、水泳、フィギュアスケート、卓球、サッカーなどがそうですし、音楽の世界でも膨大な数の世界的な音楽家が登場しています。

これは、何を意味しているかというと、日本人は文科省の頸木《くびき》から離れて「好きなこと」をやらせると、けっこう優秀な素地があるということです。

だから、ぼくは、文科省のカリキュラムが、21世紀型の「突出した個人」を作るという点において、非常に悪さをしていると思います。

だから、カリキュラムを完全に自由化してしまったらいいんです。そうなれば、おそらく“だめカリキュラム”と“いいカリキュラム”に二分化されるでしょう。その結果、“いいカリキュラム”の学校が5校

でも 10 校出てきたら、それでじゅうぶんです。

たとえば、音楽教育で桐朋《とうほう》学園大学は、少数精鋭の独自の教育をしてきました。小澤征爾《おざわせいじ》ほか、多くの著名な音楽家が輩出されましたが、当時は、東京芸術大学に対してのアンチとして、自由な校風でした。この桐朋がなかったら、日本の音楽界は今のようなレベルにならなかったと思います。

また、長野県松本市の鈴木バイオリン教室（現・公益社団法人才能教育研究会）は、子どものバイオリン教育では、いまや世界的なメッカになっています。ヤマハ音楽教室も、ピアニストの養成では多大な影響を及ぼしてきました。

そういうところを見ていくと、日本人をどうやって開発するのかという問題は、既に日本の中にヒントがあるのではないでしょうか。

なにも子どもをスポーツ選手や音楽家にしようというのではなく、「文科省の呪縛が 20 世紀型の人間を作っている」ということです。今のままでは“21 世紀型の人間”を作ることはできません。だったら文科省は、教育から手を離せよと言いたい。

教育は、地域に任せたほうがいいんです。手を離さないんだったら、自分の子どもを文科省教育の呪縛から解き放つのは親の責任だと、ぼくは思います。

（ゆほびか　GOLD Vol.17　マキノ出版）

4．21 世紀の教育へ

［「クオリティ国家」という選択］

（1）世界で繁栄する「国のかたち」

●「クオリティ国家」という選択

今、世界で繁栄している二つのタイプの「国のかたち」を知っておく必要がある。

ひとつは、私が「ボリューム国家」と呼んでいる経済規模が大きく、人口・労働力のボリュームがあり、低コストの人件費を強みとした「工業国家モデル」で急成長している国々だ。いわゆる BRICs（ブラジル・ロシア・インド・中国）などがその代表例である。

これらの「ボリューム国家」と並び、世界で繁栄しているもう一つの「国のかたち」がある。それらを私は「クオリティ国家」と呼んでいる。

「クオリティ国家」の典型は、スイス、シンガポール、フィンランド、スウェーデン、デンマークといった国々だ。

これらの国に共通するのは、経済規模は小さく、人口は三百万～一千万人で、一人当たりの GDP が四百万円以上。人件費は高いが、それをカバーできるだけの高い付加価値を生み出す能力と生産性を持った人材が揃っている点だ。

彼らは自国の市場だけで勝負するのではなく、世界中に出かけて行ってグローバルに勝負する。また規制撤廃や税制の優遇措置などで、国外からヒト・カネ・モノ・企業・情報を呼び込むなどして、世界の繁栄を自国に取り込むのが非常に上手いという共通点がある。

結論からいうと、この先、人口が減少していく日本には「ボリューム国家」を目指すという選択肢はありえない。従って、日本が再び繁栄するとすれば、「クオリティ国家」へと転換するしかない。

では、なぜ「クオリティ国家」が成功を収めているのか。ここで少し“実例”を見てみよう。

例えば、国際競争力で世界第一位、一人当たりGDPは世界第四位の約七百二十万円で、クオリティ国家の代表格といえるスイス。

その戦略の根本を成すのは、魅力のある事業環境と生活環境を整えること、世界からヒト・モノ・カネ・企業・情報を呼び込むことにある。

例えば連邦制のスイスでは所得税と法人税の一部について、カントン（州・準州）・コミューン（市町村）といういわゆる「道州」が独自に税率設定して、企業を呼び込む競争をしている。その結果、九州と同じくらいの面積しかない人口七百八十七万人の国に、食料・飲料のネスレ、金融のクレディ・スイスやUBS、時計のスウォッチグループ、医薬品のロシュやノバルティスなど、世界屈指のグローバル企業がひしめきあっている。

同時に国内では、時計づくりに象徴される伝統的な「クラフトマンシップ（職人魂）」に裏付けられた技術力と競争力を磨きつつ、グローバル人材の育成を積極的に行い、世界に向けて企業や人材を輩出し、スイスブランドを確たるものにしている。多くの国民が英語はもちろん、ドイツ語、フランス語、イタリア語を話すなど人材の質も高い。

これが国際競争力の高さに繋がっているのだが、スイスの偉いところは、税制の優遇などを除けば、「国が企業を支援しないこと」を徹底している点である。政府から企業への補助金の類は一切なく、倒産しかかった企業を政府が救済することもありえない。

結果的に強い企業、海外に出てグローバル化した強い企業しか生き残れない。

日本では、経営再建中の半導体大手ルネサスエレクトロニクスに対して、政府系ファンドが中心となって千五百億円を出資したのが記憶に新しいが、イザとなったら国が何とかしてくれるという中央集権体制の“習い性”が、日本の国際競争力を低下させている最大の原因ではないだろうか。

●タクシーの運転手が「国家戦略」を語る国

もう一つ、クオリティ国家の実例を見てみよう。

一人当たりGDPが約五百二十万円で、今や日本を抜いて、アジア最強国家となったシンガポールである。

シンガポールは言わば「事業戦略型国家」である。

その真骨頂は、五年から十年という短いスパンで国の産業政策をシフトチェンジしていく点にある。

一九六五年にマレーシアから独立したときは、法人税率を引き下げ海外企業を誘致するとともに、電気製品の組み立てをはじめとする「労働集約型産業」を育成した。七〇年代に入ると、コンピューターや機械など「高付加価値産業」へと移行、さらに八〇年代は、空港や港湾を東南アジアのハブとして整備して、ASEAN（東南アジア諸国連合）の首都機能を担う戦略へと転換、金融や通信など「サービス産業強化」を推し進めた。九〇年代には、十五年以内にIT国家を目指す「IT2000」という国家戦略を策定。情報インフラを整備し、IT環境で世界一になるというプロジェクトを官民一体で推進した。二〇〇〇年代に入ると、金融、バイオ、医療サービスなどを重点分野とした「知識集約型産業」の育成を強化した。

何より印象的なのは、国民の誰に聞いても、タクシーの運転手まで「シンガポールの現在の国家戦略はこうです」と明確に答える点だ。それだけ、「国のかたち」をどうするかという意識が国民の間に浸透している。

またシンガポールの特徴として、ヒト・モノ・カネのなかでも特にヒトを呼び込むことに積極的である点が挙げられる。特に金融ディーラーやIT技術者、バイオ研究者など特殊な技能をもつ人材に対しては、国がどんどん助成金を出して、受け入れ環境を整えることで、戦略的にこれらを〝輸入〟してきた。その数は今や、百万人に達して、経済成長のエンジンとなっている。

さらにシンガポールには、国に「エコノミック・ディベロップメント・ボード」という組織があり、とにかく海外企業の招致に注力している。

スイスにしろ、シンガポールにしろ、税制など規制を緩和し、企業やヒトが活動しやすい環境を整えることで、海外からのヒト・カネ・モノを呼び込んでいることがよくわかる。

一方で日本には、海外企業を誘致する組織もないし、むしろ日本貿易振興機構などは、日本企業が海外進出するのを助けているほどで、国家予算を使って日本から雇用が失われるのを「振興」しているようにさえ見える。

●「道州制」がクオリティ国家をつくる

こうして私がスイスやシンガポールの例を紹介すると、必ず「そういうことが可能なのは小さな国だからであって、日本のように一億二千八百万人もの人口を抱える国では、無理だ」という反論が出てくる。

確かに今の中央集権体制のままでは無理かもしれない。

とりわけ意思決定のスピードの遅さは致命的だ。

ならば、素早い意思決定が可能なサイズに日本を“分割”し、それぞれの地域で、シンガポールのように発展のための戦略を考えればいい。

そこで出てくるのが、「道州制」なのである。

（文藝春秋 2013 年 6 月号『日本は「クオリティ国家」を目指せ』文藝春秋）

（2）道州制のダイナミズムが日本を変える！

国民よりもマスコミが反対します。日本のメディアは、静岡に行けば静岡新聞、石川県に行けば北國新聞など、放送局も含めてすべて県別利権です。そこに道州という単位を持ち込むと県別で仕事をしていた人たちの役割がぶっ飛んでしまう。まあ、インターネットの時代ではどの道ぶっ飛ぶんですが、甲信越州ができたら長野放送ではなく甲信越放送になるわけですから、利権絡みの県会議員も含めて反対に回るでしょうし、テレビに出ている一部のチープ芸能人や評論家もこぞって反対しますよ。今の日本は道州制どころか江戸時代の藩の時代に戻ってしまっている。山形には山形空港と庄内空港のふたつがありますが、それは江戸時代の藩の単位で空港の誘致運動をやった結果でしょう。そんなケースは全国の地方都市で見られますよ。しかし、現在のような都道府県の体制ではもはや日本の繁栄はあり得ない。世界から資金や企業を呼び込む単位としては小さすぎるからです。

とかく道州制と言うと、コスト低減の発想でしかとらえられていない人が多く、国会議員でもよく分かっていない人がほとんどですが、私が言っているのは、統治機構の変更によって「地域国家」を形成することが目的なんです。ボーダーレス経済において、世界で繁栄しているところはいずれも地域国家を形成していて、そこに世界から金が集まる構造になっている。資本が集まり、人が集まり、情報が集まり、それが繁栄につながる。納税者の負担で繁栄させるのではなく、世界中の金を集めることによって潤うという仕組みです。つまりこれからはみなさんの金ではなく、世界からどれだけお金を集めたかによって競いますよ、という話なんです。

中国がなぜあれほど金持ちになったのかと言えば、自分たちの金を使わず、世界中から集まった50兆円規模の金を使ったからです。道州制の本質とは、「世界から繁栄を呼び込む単位」だということです。たとえば佐賀県ではなくて九州という単位になれば、このエリアはかなり魅力的ですし、きちんとシェイプアップすればアジアの金が大量に集まるポテンシャルを持ち得ます。北海道も、東京を向かずに北向きにシフトして、時差もサハリンと同じにすれば世界中の石油開発の前線基地になり得ます。

そうしなければ江戸時代以来の江戸を中心とした参勤交代制度、中央集権の弊害はいつまでたってもなくなりませんよ。ヘリコプターを飛ばせば稚内からサハリンまで20分ほどですし、札幌から飛んでも1時間程度。ちょうど香港が広東の開発基地になったように、北海道が極東シベリアの開発基地になる。東京に参勤交代したら県に金が降って来るような今の仕組みとは発想がまるで違います。今の政治家の言う道州制は、県と県の重複作業を削って国の出先機関と一緒にしたら少しはコスト削減になるという話に終始していますが、それでいくら安くなるのかといえばせいぜい 1000 億円程度。そうではなくて、何兆円規模の経済を新たに作る、パイを大きくするという話なんです。しかもそれを納税者の金を使わず、世界の金の呼び込み競争をやるわけですから、これは 21 世紀の日本の切り札になり得ます。そうなると教育に関しても、北海道で必要な第２外国語と九州で必要なそれとは自ずと違ってくるので、日本全国一律の指導要領などと言っている場合ではなく、教育も道州に任せるべきなんです。最終的には人材競争になるわけですからね。

（CIRCUS 2006/12 月号「世界レベルで活躍する最強のビジネスマンになる方法」KK ベストセラーズ）

（3）人材育成こそが「道州」の最大の仕事

道州にとって、もっとも大事な仕事は人材育成、つまり教育である。世界中のクオリティ国家を見れば、良質な人材こそが国の生命線であることがよくわかる。

いつまでも文科省が教育を司る必要はない。むしろ文科省が全国一律の指導要領のもと、日本の教育を牛耳ってきたことが、日本の現在の低迷を招いた最大の原因だと私は考える。

デンマークやフィンランド、スウェーデンといったヨーロッパのクオリティ国家は、今や「教育」という概念自体を否定している。これらの国々では、九〇年代に大胆な教育改革が進められ、学校は「teach（教える）」ところではなく、「learn（学ぶ）」ところだという大きな発想の転換があった。「teach」とは、事前に答えがわかっていることが前提となるが、二十一世紀というのは、正解のない時代である。ビル・ゲイツやスティーブ・ジョブズを見れば分かるとおり、今の世界を動かすのは、既成の教育制度からドロップアウトした人間だ。規格化された人間を量産しても意味がない。

各道州は、それぞれの地域の特性や戦略に沿った人材を育てていけばいい。

とりわけ語学教育は最重要施策となるだろう。英語はもちろんやるにしても、例えば北海道であれば、今後、ロシアとの経済連携を強めていく戦略に沿えば、第二外国語としてロシア語を積極的に教えていくこともありうるだろう。九州であれば、中国語や韓国語を必須科目にして、東アジアのハブ国家としての道を目指していくことも考えられるだろう。

今さら言うまでもなく、明治維新の原動力となったのは、吉田松陰の松下村塾をはじめとする各藩の小さな私塾のや藩校の出身者であった。情熱のある真の教育者に触れれば、若者は化学反応を起こし、自らの道を切り拓いていく。「正解」があるとすれば指導要領の外にしかない。

（文藝春秋 2013 年 6 月号『日本は「クオリティ国家」を目指せ』文芸春秋）

［未来の学校づくりへの示唆］

（1）文科省は何をやる組織なのか

まず我々の素朴な疑問は、文科省というのは何をやる組織なのか、ということです。会社をつくる場合には組織の目的が必ず必要です。文科省は明治以来優れた人材育成を担ってきました。戦後もそれは間違いないのですが、21 世紀になり 10 年経ってみて、この時点で文科省とは何をやる組織なのかをあらためて問うことが非常に重要であると思います。

文科省の役割としては、教員の養成、選抜、採用などが重要だと思います。しかしながら従来と同じような教員でいいのか、どういう人を選んで育成していけばいいのかということでは大きなクエスチョンマークがついていると思います。教師というのは大学を出て教員免許を取る。その免許で 30 ～ 40 年、若干の再教育をしながらやっていく。つまり過去の人材で未来の生徒を育てるということで、この間に放っておいても 30 年、40 年の時代とのずれが生じます。教師というものを 21 世紀に合った形にするのは至難の業ですが、終身雇用の組織体、推進体でいいのだろうかということが問題意識としてあります。教師になると社会との触れ合いが非常に少なくなります。世間で今何が起こっているのかわからないわけです。

文科省はどういう人材を育てようとしているのか。世界の他の国の変化を研究していないのではないかと思います。アメリカだけでなく、よその国の状況、世界の教育というものを研究してもらいたいと思います。日本のかつての教育は素晴らしいもので、まさに高度成長期を担う人材を大量につくるということでは世界のチャンピオンだったと思います。しかし、今はそのような人をいくらつくっても指導者にはなれませんし、今の生活は維持できません。新しい人材というのはどういう姿をしていなければならないのか、そのためには何をしなければいけないのか、そのことが極めて重要になってくるわけです。

中国やインドで日本の何十倍も同じような人をつくっている時代に日本は何をするのか。このことをきちんと考えなければ、日本は一人当たりＧＤＰにおいてインドや中国並みになるのは当たり前であり、これが世界競争というものです。このことについて私は教育機関があまりにも危機感がないと感じています。

どういう人材を必要としているかは意見が分かれて当然です。立派な社会人をつくるのか、世界で活躍できる人材か、リーダーか。今は立派じゃない社会人が大量に出てきているのです。草食系男子とか、ファイティングポーズを欠いたような人がどんどん出てきているのです。

企業から見ますと、世界で活躍できる人間が欲しい。そういう人がいれば何十人でも何百人でも採るというのが企業の実態です。内定率が低下するのは当たり前です。つまり、労働市場の需要と供給のミスマッチが最も大きな問題です。

東日本大震災や原発の問題を見ると、リーダーの欠如というのは明確です。日露戦争の時にいたようなリーダーがいない。やはり誰かが何らかの方法でリーダーを養成しなければいけない。戦後教育の最も不足している部分です。リーダーをつくろうと思うと幼稚園からスタートしなければならない。あらゆる機会をとらえてリーダーを養成しなければいけないと思います。

（2）義務教育の役割の定義

私は最初に義務教育の役割を定義すべきだと思っております。誰の何に関する義務なのかが明確ではない。現在、義務教育は小学校と中学校だけですが、それでいいのか。今の義務教育を受けた人は何ができるようになっているのか。その後は教育を受けなくてよいのか。

今の義務教育を受けたらどういう人間が育つのかという定義を一度見せてもらいたいと思います。義務という以上、義務に従った人たちはどういう製品として表に出てくるのか。それから義務を果たさなかった結果の責任は誰がとるのか。親がとるのか、本人がとるのか。教えた学校がとるのか。世の中には義務に対する責任というものが必ずあると学校でも教わるのですが、これが明確ではないと思います。

私は従来から、義務教育というのは「立派な社会人をつくる」ということを目的にしたらいいと申し上げています。社会の変化と共にその定義は変化します。成人するまでこれをやろう、その結果社会人になったら成人だという考え方です。

国民投票法案で、憲法改正については18歳から投票することになりました。それから高校無償化ということで18歳までの教育が無償になりました。この二つを一致させ一貫教育で高校を卒業したら、社会に出して大丈夫だと考えるべきではないかと思います。したがってここまでに学問、社会常識、倫理、行動・責任、家族、家庭などに関する一つの価値観をすべて付与しないといけない。これを義務教育として高校まで延ばしてやれば十分社会も世間も納得するのではないか。18歳で成人と考えることで、選挙権、納税の義務、戸籍、婚姻、運転、飲酒、喫煙など社会システム全部について、18歳を根拠にする。

この議論を日本ですると「18歳ではなかなか社会人とは言えない。あんなのは赤ん坊だよ」と言いますが、私の観察ではそういう人は35歳になっても赤ん坊です。だから全く意味のない議論をしているんですね。やはり18歳までに社会人をつくるという緊張感を持って必死に教育プログラムをつくれば、そういう人ができると私は思っております。

今、世界に出てみて「はたと気がつく」問題は世界の共通語って何だろうということです。コミュニケーションツールとしての英語が一つありますが、上手い英語ではなくて意思を通じさせて結果を出すという実務的な英語が必要になります。もう一つは経営・ITというものが他の国と一緒のレベルでないと指導力が発揮できません。そうでなければ、自分の工場に赴任してもみんなが全く言うことを聞きません。経営・ITは必要不可欠で若い時からやらなければいけません。大学、大学院でやるというものではありません。

それから、英語、経営・ITに共通しているものとしてロジック（論理）です。ロジックというのは世界共通言語で何語であってもロジックを使って説明すると「なるほど」と言ってくれるんですね。「だからこうなんだよね」と言うとわかってくれるんです。ロジックというのはアリストテレスの昔からあるわけですが、日本の教育では全く教わることがありません。このロジックがないということが英語だけできても説得力がないということになってしまうのです。

世界のどこに行っても指導力を発揮するためには英語だけではだめです。ロジックだけでもだめ。コミュニケーションの力とＩＴを使って、見えてない人にも説得をしていかなければならない。これがグローバル時代の特徴なんですね。英語、経営・ITとロジックは三位一体であり、このような教育は幼稚園からスタートしなければだめだと思うのです。大学に行っていきなりギリシャ哲学、アリストテレスなどを教えても頭の構造がそうなっていません。この辺が他の国と日本の違いになってきています。教育カリキュラムの中にこの三つを一貫して織り込むということを私としてはお願いしたいと思います。

（3）稼ぐ力を身に就ける大学

一方、大学で何を身につけるかというと、稼ぐ力をつけることです。これは18歳で義務教育が終わった場合です。大学に行ってまでも一般教養などをやるのはやめるべきだと思います。私は18歳で社会人をつくったとしたら、そこから先、大学に行くかどうかは本人の自由ですから、行く理由ははっきりしています。稼ぐ力をつけるためです。今、稼ぐ力がないから誰も採用してくれないという状況なんですね。授業料に対する投資、利益率を重視すべきだと思います。

短期的な目的は職業訓練です。今は専門学校と大学を分けていますけれども、私は間違いだと思います。大学を出てから専門学校に行き直している人がたくさんいます。つまり大学を出ただけでは誰も雇ってくれない。給料を稼ぐだけのスキルがつかないのです。

長期的な目的もあります。これはリーダー、教養、センスを養う。つまりリーダーとしての才覚と教養、センスがないと、世界に向けて活躍しようとしたときに「あいつ、言っていることはそうだけれど、どうも合意できないんだよな」となります。資本の論理だけで親会社から派遣されてくると、「あんなやつとは働きたくない」と言われる。失敗するタイプの学校秀才みたいな人が多いのです。あるいは英語ができるだけ、とかです。長期的な目的ではこういったリーダーになるための付属能力をつけることになります。

大学教育の回収期間を仮に10年としましょう。10年で高卒の給料との差を埋めないとなりません。すなわち投資は、国立大学は年間の授業料が52万円として4年間で208万円。高卒で18万円の給料で48カ月働いたとして864万円。この授業料分の208万と機会費用の864万円の合計1,072万円を120カ月、10年で償却すると月約9万円になります。逆に言いますと、大学に4年間行った者は、高卒の人よりも9万円高い給料を取れるようなことを身につけることが必要です。それ以外は投資が無駄になると考えます。ですから合コンなんかやったりしている暇はないわけなんですね。大学の先生はこの重圧を感じてもらいたい。自分たちができないんだったら、できる人を呼んでくるべきだと思います。

日本の大学はアカデミックな方向にシフトしてしまいました。世界で活躍して稼ぐ力をつけようということから見ると、アカデミックなものは必要な基礎的スキルの一部でしかないんですね。先ほど言った教養なのです。ですから教養だけで大学が構成されており、それだけの価値観で大学の教授陣が成り立っていて、その教授陣の教授会でいろいろなことが決まるということでは、日本の大学は変われないと私は思っています。

大学と企業のミスマッチというのは非常にはっきりしております。21世紀の人材と既存の教育システムが生み出すものとのギャップは非常に大きいです。グローバル化は避けて通れません。

21世紀というのは実は答えのない世界なのです。日本は先進国になりましたので、追いつけ追い越せで答えを見ながらやってきたという時代は終わり、これからは世界のトップリーグとして答えを見つけていく時代です。ほとんどの日本の企業が答えを見つけないといけない中で、教えられたことを覚える、覚えたことを吐き出すという記憶偏重の教育は全く価値がありません。グーグルで調べたら出てくるようなことを覚え込んでも始まらないのです。義務教育で覚えこむことを全部、記憶メモリーに入れてもいくらの価値にもなりません。

我々は“パナショック”と言っていますけれども、パナソニックの今年の正規採用は全部で1390人ですが、そのうち日本人以外が1100人です。5年前までは正規採用の外国人は0でした。今は1100人を外国から採って日本人はわずか290人です。これは彼らの10年戦略を見ると正しい比率です。日本人を採ったのでは世界化できないのです。まず、海外に行ってくれる人が非常に少ないということがあります。また、一流大学を出た人でも、外国人とミックスしたときに活躍できる人が少ないということなのです。

楽天とユニクロが社内公用語を英語にしたという“楽ユニショック”、これはサラリーマン社会では最大のショックです。

それからＥＵとかシンガポール、アメリカでは経営陣に複数の国籍があるというのは当たり前になっています。シンガポールではほとんどの公営企業、官営企業は世界中から優秀な人材を経営陣として登用しています。たとえばシンガポール証券取引所はマグナス・ボッカー（Magnus Bocker）というスウェーデンの人がやっています。いい人材がいれば世界のどこからでも採ってくる、というのが常態になっています。

一方で大学院とは何か。これは一重にプロフェッショナルを養成するということですね。医者、経営者、弁護士、弁理士などのさむらい（士）職業。投資リターンについて先ほどと同じ計算をしますと、大学院の平均的な授業料100万円×２年で200万円の投資。同年齢の高卒者が月22万円給料をもらうとすると、22万円×12

か月×２年で528万円。授業料と合わせて728万円になります。これを10年で回収するとなると月にして６万円。大学が９万円でしたので、プロフェッショナルとして、高卒よりも15万円以上多く稼ぐ力が必要になります。30歳で高卒が月25万円の給料の場合ですと、大学院を出た者は、40万円稼ぐ力があるかということが試金石になります。

労働者の平均年収というのは、日本ではこの20年で100万円下がっています。すべてのセグメントの収入が100万円下がった国というのは他にないのです。日本だけは全セグメントで100万円下がっています。日本の労働者の年収が300万円になってしまったという時に、500万円以上稼ぐということが目標になると思います。35歳以上はその人の才覚ではないかと思いますが、それまでは教育の役割が大きいということだと考えています。

（4）グローバル時代のコミュニケーションとしての英語

英語はグローバル時代の必須のコミュニケーション能力の一環であると思います。英語だけではコミュニケーションできません。どういう言い回しをするかとか、相手を傷つけない方法はどうかとかいろいろなことを考えないといけません。私の経験では英語の上手い人ほど海外で事業をするときに失敗するのが早い。たまたま社長が英語ができるために商談が破談になってしまったというのは枚挙にいとまがないです。なぜこういう過ちをするかというと和文英訳をするからです。和文英訳が早くなるとニュアンスが伝わりません。

私は英語教師は有害で不要だと思っています。なぜかというと、中学教師のTOEICの点数は560点。高校の教師で620点。これが教えるレベルなのか。これは教わるレベルです。 こういう人たちが教えているんですね。私はコミュニケーションに視点を置くならば、○×で教えてはいけないと考えています。×を食らうとパブロフの犬になりますから外国人が寄ってくると日本人は逃げます。ですから英語が母国語の教員免許を持った人が日本でも教えることが重要です。

韓国は英語村をつくっています。その中では全部英語というのをチェジュ島（済州島）とインチョン（仁川）につくって生活をさせるか、海外に出します。高麗大学では卒業までに必ず半年は海外に行けというカリキュラムがあります。

マレーシアの国語論争は国論を二分して非常に大変でした。教室で英語かマレー語でやろうと選択を学校側に預けました。10年経ってみると理数系のものは英語で教えるようになり、今彼らはほとんど自然のバイリンガルになっています。シンガポールも国論を二分した国語論争がありましたけれども、これは中国語または英語とやったために結果的にほとんどの人が英語になりました。それからドイツ、フィンランド、韓国はこの10年間で英語の能力が最も伸びた国です。これらの国を参考にする必要があるのではないかと思っています。

ドイツの場合は企業で、英語ができないと部長以上にしないということを決めて発表したために、お母さん方が必死になったということがあります。フィンランドの場合は今から15年前に失業率が40パーセントになって、世界で生きていかないとこんな小さな国は食えないということになって、英語というものに大きく舵を切りました。韓国では金大中氏がＩＭＦ進駐軍の屈辱を二度と味わわないために、非常に優れた方向転換をしたのが理由です。

（5）新しい教育システムの設計

それから新しい教育システムの設計です。これは会社と同じでどういう商品をつくろうとしているのか。出てきた人たちはどういう形をしているのか。どういう形がいいと皆さんは思っているのか。

私の案を先に言いますと、グローバル時代の人生を支援するということです。ライフサポートですね。義務教育は高校までとして立派な社会人をつくり、職業を想定したカリキュラムを早めにスタートする。フィンランドでもドイツでも、中学、高校から既に職能別の方向に行く人と大学に行く人、つまりスキルで生きる人とIQで生きる人とに若いころから分けています。このようなカリキュラム（人生指導）というものが必要だと思います。みんなが大学に行ってしまって就職できない、はたと頓挫するというやり方よりもこのやり方のほうが親切だと思います。

それから大学はアカデミックな場所ではなくて、広義の職業訓練所にする。これは大学の先生が最も嫌う言葉ですからあえて使いました。それから大学院はプロフェッショナルな人を養成するところ。さらにその先に社会人教育をやる必要が出ています。皆さんも社会人教育には力を入れていますが、終身、充実した人生を送ることができるようにアフターケアをしてあげる必要があります。これが非常に重要なことだと思います。サイバーを使えば世界中どこに散っていても、その人たちに最新のものを提供できます。油でいうと給油所みたいなものですね。こういうものが私は必要だと思います。

それから高齢者が人口の四分の一になってきており、近々40パーセントになると言われています。高齢者は定年退職した後８万時間、暇があるのです。この人たちはサラリーマン時代に８万時間会社のために使って、退職してから寝る時間と食事の時間を除いた12時間、“サンデー毎日”ですから1週間に7日で計算しますと8万時間になります。この時間をどうしていいかわからずに非常に困っているということなのです。国民の約三分の一がここに入ってきて、不安な寂しい時間を過ごしているんですね。これも教育の一環としていつまでもやり続ける必要があるのではないかと思っています。

どんな人生を生きたいのか。どんな人間になりたいのか。少子高齢化によって学校は斜陽産業になるというのは間違いで、ものすごく大きな必然性があると私は考えております。人生の生き方については高い目標か低い目標かによって大きな違いが出ます。若干高めの目標に対して努力をさせるということが人生では必要です。

教育における日本のスタンダードというのは、答えのある問題を学び、先生や親の言うことを聞いて、覚えて、答えを吐き出す。そして非常に引っ込み思案です。意見を聞かれると「別に」と言う人が多いんですね。自分の意見を言わない、持っていない。これでは世界に出て活躍できません。

我々の目指す姿、グローバルスタンダードは答えのない問題をみんなで議論して答えを見つけていこうとする人材です。自分がなぜそういう意見を持っているのかを言える、行動する。そして人がもっといい意見を持っていたら、そちらに変えていくという柔軟性が要求されると思います。

参考となる国は、デンマークやフィンランドなど北欧の国々です。世界的にリーダーシップをとる人というのは北欧4国から多く出てきています。偶然ではありません。

フィンランドは「あなたが八百屋さんになったとして、どうやってお金を稼ぐかみんなで考えようね」と幼稚園から企業経営のことを教えています。そうすると「腐った野菜を置いておいてもだめね」

「狭いフィンランドにとらわれずに世界に出ていって活躍しなさい」というふうに小中一貫して教育します。ノキアのように自分の国の売上高は売上全体の1パーセントにもならないというところも出てきているということです。

それからグローバル企業でのリーダーシップにおいてはスイス、ベルギー、オランダの出身者が非常に強いです。ネスレは世界最大の食品会社ですが、歴代トップはドイツ、オーストリア、ベルギーの人です。プロフェッショナルという点では、インドが圧倒的に強いです。イギリスでは医者の4割がインド人です。アメリカでは3割がインド人です。

世界の中で一番したたかに生きているのは台湾です。日本語、中国、英語ができる。中国の躍進を一番上手く取り入れたのが台湾です。去年の成長率も10パーセントを超えている強烈な国です。

国家としてしたたかに生きて変貌している国は、ドイツとシンガポールです。シンガポールはバイオからファイナンスのほうに入って国家戦略を巧みに変えてきています。

逆境をバネに高いアンビションで変わってきているのが韓国です。これらの教育の変化は、フィンランドの場合は16年前、スウェーデンはフィンランドよりもさらに5年ぐらい早く起きています。そして韓国は11年前、金大中氏が大統領になって以来、明確に変わっています。学校が変わると10年で成果が出るのです。“お母さん”が変わりますから。そうすると一発で成果につながります。“審議会”による意見では何十年経っても変わらないと思います。

（「未来の学校づくりに関する調査研究報告書」http://www.nier.go.jp/05_kenkyu_seika/pdf_seika/h24/report_list_h24_3_3.html　国立教育政策研究所）

[社会人の再教育]

（1）社会人の再教育で後れを取っている日本

（◎大前ライブ 669：2013/2/10）

スイスのように通貨高でも人件費が高くても競争力を維持している国を見れば分かるが、国は企業も雇用も守らない。つぶれるものを潰す非情さが企業にも国民にも緊張感を生み、どんな世界でも稼ぐ能力を身につけさせる。

スウェーデンでは不要な人材を解雇しても社会システムがしっかりしているので食うに困らない。その間に新しいスキルを身につけて就職口を探すというやり方である。つまり、競争力のない人を競争力のない企業に張り付けるために補助金を出すという考え方の正反対で、日本はこの点を冷静に考えなくてはいけない。

新しいスキルを身につけるという点において、「永久就職」を前提としてきた日本では深刻な問題が起こっている。学校を出てから

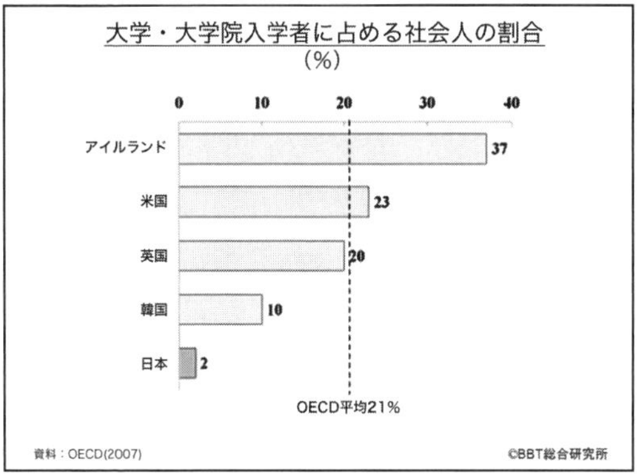

社会人になって、再び学校に行って勉強しようという人が極端に少ないのだ。図を見ていただくと日本がいかに社会人の再教育で後れを取っているかがよく分かる。

経済開発協力機構（OECD）の平均では大学・大学院に行きながら新しいスキルを身につけようとしている社会人が実に21%、5人に1人という高い割合でいる。日本は段違いに少なく2%、50人に1人という状況である。

つまり、スキルは大学を出て働きながら身につけるという発想があるが（また、会社もそうした丁稚的な教育を是としているところが多い）、いまの世の中はそれでは追いつかない。働きながらでもインターネットなどを利用していくらでも新しい科目の勉強ができる世の中になっている。

●企業の第一線で活躍する人たちが社会人教育を

この面での後れが実は日本の国際競争力、とくにグローバル人材の輩出後れに直結していると考えなくてはならない。

韓国でも金大中政権以来、グローバル人材育成に馬力がかかり、ある意味で企業社会での生き残りが昔に比べれば格段に難しくなった。社会人の10人に1人（日本の5倍）が新しいスキルを身につけるために大学・大学院に働きながら通うという。その実態が昨今の彼我の競争力格差にもつながっているのではないかと思われる。

私自身も、新しいスキルを働きながら身につけてもらおうとインターネットで学べるプログラムをたくさん提供してきたが、今ではスマートフォンやタブレット型端末で通勤途中に往復2時間も勉強する社会人がたくさん出てきている。彼らは異口同音に新しい学びが即仕事に結びついていると言っているし、英語などでのリーダーシップ研修では90%以上の受講生が「大変役に立つ」と言っている。

大学で学んだことが実社会ではあまり役に立たないことは誰でも知っているし、また旧態依然とした企業の社内研修でも大きな力にはならない。

一方、米国の大学などと違って日本の大学では、いまの企業社会で役に立つ新しい科目を教える人がいない。文部科学省の大学認可のプロセスを見れば、大学の教授はあくまでアカデミックな実績が優先されている。彼らにはいまの社会人を教えることはできない。

むしろ社会人を教えるには企業の第一線で活躍してきた人々、世界で活躍してきた経験者などが取り組まなくてはいけない。

（nikkei BPnet ＜時評コラム＞「大前研一の“産業突然死”時代の人生論」 2013 年 2 月 12 日掲載分　http://www.nikkeibp.co.jp/article/column/20090409/145180/ 日経 BP 社）

（2）なぜ少子高齢化の時代なのに「教育」が 21 世紀最大の産業になるのか？

私は二一世紀最大の産業は「教育」だと思っている。なぜなら、すべての人を教育し直さなければならないからだ。今、日本の大学を全部探し回っても、二一世紀に役立つ人材をつくっているところは見つからない。のみならず、一〇年前や二〇年前に卒業した人たちはどうだろうか。

たとえていえば、今の社会の中核を担う三十～四十代は、大量生産時代の“耐震試験”をパスして世に出たようなもの。地盤が液状化してしまう二一世紀の地震には、震度五で簡単に倒壊ししまう人間を量産してしまった。

新しいスキル、新しい視点、自分なりの答えをまとめていく能力、リーダーシップ、他人と共同作業するときのチームワーク、しかも英語で世界を舞台に……。答えのない時代を生き抜くには、一〇年前、二〇年前とはまったく異なる知恵と能力が必要だ。その最たるものがサイバーリーダーシップ。会ったこともない、世界中にある工場の購買係にｅメールで通達を出すときに、おかしなことを書いたら誰も従ってくれない。メールの文面だけで見えない人たちを動かすリーダーシップがこれからは重要なのである。

少子化による定員割れで大学は危機感を募らせているというが、私に言わせれば戯言に等しい。

「ごめん！二〇年前に卒業したキミたち。あの頃は時代がルンルン気分でキミたち全然勉強しなかったのに卒業させてしまった。おかげで苦労しているだろう。四四～四五歳のキミたち世代が日本で一番ダメ人間。この世代を教育し直すのが、わが校のブランドにかけた使命。ぜひ戻ってきてほしい」

こう言って卒業生を呼び戻すのだ。三〇年前の卒業生までアフターケアすれば大学は出戻り学生であふれ返る。もっと言えば、四〇年前に卒業した人にも「老後の楽しい過ごし方」「国に騙されない生き方」「年金を10％で回す運用法」といった講座を開けばいい。卒業生が母校を信頼していれば必ず戻ってくる。商いの種は無限だ。

しかもサイバー社会の福音を最も享受できるのが、実は「教育」なのである。オンラインなら仕事で忙しい人も、地方で暮らす人も、体の悪い人も、不登校児も、引きこもりの人も自分の好きなタイミング、好きな場所で学べる。真の競争力再生を目指すなら、国はこうした再教育支援に力を注ぐべきだ。

すべての人を二一世紀を生きるために再教育しなくてはならない。

こうすれば、これは国家にとっての最大の事業となる。しかし、この事業は月一二万円の生活保護より、付け焼き刃のニート対策より、よほど実力ある自立支援になるだろう。

（プレジデント 2006/3/6 号「大前研一の日本のカラクリ」プレジデント社）

［大前研一が語るグローバルに活躍する人材の育成］

（1）21 世紀の「勝利の方程式」

21 世紀に求められる能力を学校で育てるにはどうしたらよいのか。答えは簡単で、「教えない」ということに尽きる。今から 20 年ほど前、デンマークやフィンランドは学校から「teach」という言葉を取り除く大胆な改革に取り組んだ。「teach」は、答えがあるものを教えるということが前提だ。21 世紀は答えが誰にも分からない時代である。ユニークな発想ができる競争力のある人材の育成が求められるが、その前提として「答えを見つけていく」能力を育む姿勢が必要だ。「これが答えかもしれない」と自分が考えたら、それを人と議論する。その議論の中からより可能性の高い答えを皆で見つけていく。皆で見つけた以上は、勇気を持って実行する。これが 21 世紀の「勝利の方程式」である。

デンマークは 25 人以下の学級規模で、25 通りの答えがあって良い、と教えている。その上で、どれが良いのかを議論する。ここで「リーダーシップ」という概念が出てくる。「リーダー」は、相手の言うことをよく聞きながら意見をまとめられる人である。これは世界のどこに行っても通用する 21 世紀型の能力といえる。こういう謙虚な学び（Learn）こそが、21 世紀において競争力を持つリーダーを育てる唯一の方法だ。

私が学長をしている『ビジネス・ブレイクスルー大学』は「教えない大学」だ。「学ぶことを助ける」というコンセプトで、TA（ティーチング・アシスタント）ではなく「LA」（ラーニング・アドバイザー）を置いている。大学で何かを覚えても、その知識は 10 年後には忘れているか、陳腐化し、もはや役には立たない。学び続ける能力があれば常に時代の最先端に立てる。

（2）語学は「通じてなんぼ」の世界

私は韓国の梨花女子大学と高麗大学で教授を拝命しているが、学生は昔と比べると、桁違いに議論がうまくなっている。英語で授業を行っても、深く理解できる。金大中以降韓国は、英語教育と ICT 教育に国として力を入れたが、着実に成果が出ている。ソウル大学に入学するには TOETIC で 800 点の実力が必要で、さらにサムスンなどの企業に入社するには、850 点は必要となってくる。ところが、日本の中学の英語の先生は平均すると 560 点、高校でさえも 620 点程度で、むしろ英語をまだ教わらなくてはいけないレベルだ。

そもそも英語を試験の科目にすること自体がおかしい。語学は「○×」ではなく、「通じてなんぼ」の世界だ。むしろ、高校生には外国人に日本の観光地を案内するアルバイトなどをさせた方が実践的な英語力が付くし、学習へのインセンティブにもなるのではないか。

アジアだけを見ても、日本の教育は、語学に限らず国際的な競争力の育成に失敗している。韓国だけでなく、中国も一部の私学などで、私から見ても少し行き過ぎと思えるほど、徹底した英才教育・天才教育に力を入れている。また、インドでは、コンピューター・

エンジニアになると高給が取れることから、インディアン・ドリームを手に入れようと主としてIT分野で才能を磨く若者がたくさんいる。これらアジアの国や北欧のデンマーク、フィンランドも含めて、教育で成功しつつある国の実態を、日本の先生たちに自分の目で見てほしい。

（3）教育の制度の大胆な切り換え

私はかってある県のアドバイザーをしていたが、公立高校には、心身症などの疑いがあって要注意という先生が15％もいた。世の中も生徒も変化しているのに、何年も前の指導を繰り返すだけでは効果は上がらないわけだから、悩む先生たちがこれだけ多いこともうなづける。

では、どうするか。従来とは発想が異なる先生を育てるか、教育の制度全体を思いきって切り換えていくしかない。例えば、教育の内容や方法も含めて、地方に任せればいい。杉並区の和田中学校で民間出身の藤原和博校長が活躍したように、改革に意欲的な校長がどんどん自由に学校経営がやれる仕組みにする。

私は、最終的には国が予算を一律に地方に分けるのではなくて、保護者に教育バウチャー（クーポン）券を支給し、保護者や子どもが学校・カリキュラムを自由に選べるようにすべきだと考える。まず、公立でも私立でも国がカリキュラムで縛るということをなくす。そして、それぞれの学校がこれが良いと考えるカリキュラムを自由につくり、保護者や子どもに選んでもらえばよい。

日本の教育の問題点として特に指摘したいのは、卒業した後に勉強をしなくなるということだ。OECD（経済協力開発機構）の平均だと、社会人の21 ％が大学または大学院に戻って再教育を受けている。新しい技術を学ばないと世の中の変化に追い付けないからである。ところが、日本はわずかに２％。次に低いのは韓国だが、それでも 10％ある。アメリカは 26％程度で、４人に１人は大学などに戻り、さらに稼げるようになる勉強をしている。

（4）社会人のための大学・大学院

私は、社会人のためのインターネットによる大学・大学院をつくり、会社を休むことなく、働きながら遠隔学習で学べるようにした。入学してくる社会人学生は３カ月もすると、即戦力を身に付け、異業種の仲間ができて自分の人生観が大きく変わる。それを実感した卒業生はボランティアで後輩たちの指導の援助なども自発的にしてくれる。教授陣も企業の常務や副社長などの経営経験のある実務家をそろえた。また、コンテンツをモバイル対応で配信することで、社会人学生の勉強時間が大幅に伸びた。平均して１日２時間は学習している。通勤時間も活用しているようだ。目標があれば、（通勤などの）過酷な学習環境でも、これだけ意欲的に学ぶようになる。

日本の教育の現状を批判することはたやすいが、口だけではなく、理想と考える教育の場を実際につくっていくことが重要だ。私は実際に、『ビジネス・ブレイクスルー大学』という株式会社立の大学をつくった。だが、それだけではなく、マッキンゼーで働いていた頃から、多くの社会人１年生を鍛えてきた。この中から世界で活躍している企業人が数多く生まれている。ほかにも、起業を目指す人のために設立した『アタッカーズ・ビジネススクール』では、これまで5800人の修了生が約770社を起業した。（株）ミクシィやネットで薬を販売するケンコーコム㈱などもここから生まれた。政策提言のできる人を養成しようと『一新塾』を17年前に立ち上げたが、卒業生から数多くの政治家やNPO活動家が生まれている。

こういう起業家や実務家たちを育てたという意味で、私は自分を「平均的な人間ではなく結果を出せる、またはグローバルに活躍できる人材を育てる教育者」と思っている。今後はスイスの学校と提携し、国際バカロレアの資格取得者が出せるような中・高一貫校もつくりたい。

（週刊教育資料 2013/4/1 号 日本教育新聞社）

第2章

答えがない時代への「挑戦」

【BBT大学《ビジネス・ブレークスルー大学》・
BBT大学大学院《ビジネス・ブレークスルー大学大学院》・
BOND-BBT MBA】

1．ビジネス・ブレークスルー大学

(BBT大学)

（1）なぜ今「新興国」に出ていく時なのか？

（◎大学講義「新興国ビジネス事例研究」より
／椿進 BBT 大学経営学部教授）

今、年間数十万人ペースで人口が減少している日本。このペースは益々加速していき、人口減少によって日本の内需は縮退していくことが確実視されている。停滞感が色濃く漂うこの日本を尻目に、かつて驚異的な高度成長を遂げた日本と似た潜在能力を持つ新興国が世界中に勃興している。これから世界全体の GDP は 5 倍近くまで成長していく。実は、その成長の 8 割が新興国に占められると見込まれているのだ。

年々購買力が高まっていくそれらの国々を、ただ指をくわえて眺めているだけなのであろうか。この間にも世界中から多くのライバルが「宝の山」に殺到し、鉱脈を次々と掘り出している。

例えば、華僑の歴史を持つ中国は近年、欧米人が用心して手を出さないアフリカにすさまじい勢いでなだれ込んでいる。そして、安価な中国製品を大量にさばくマーケットとしてだけでなく、現地で公共事業や資源開発などの国家プロジェクトを担う。彼らは海外ビジネスで磨いたグローバルコミュニケーション力と経営力を持って帰国し、母国の発展を加速させていく。新興国で戦うことが自国への貢献につながるのだ。

日本では人口減少のみならず、「高齢化」「資源高、物価高」「世界におけるポジションの低下」など多くの問題の中で、方向性・ビジョンを示せず停滞している現状。前述のようなに新興国を始めとした世界を相手に戦うべく、グローバルビジネスを通じて培うべき「グローバルリーダーシップ」「経営力」を持って、海外へ出ても活躍できる人材が、今まさに日本で必要とされている。BBT大学ではイベントフォーラム「今そこから、世界が欲しがるグローバル戦力になろう」を開催し、「海外へ出ても活躍できる力」の重要性と、なるための方法を一般公開している。

（2）世界で通用するための「2つの力」

（◎世界が欲しがるグローバル戦力になろう）

世界でも通用するためには2つの力を身に付ける必要がある。それは「ハードスキルとソフトスキル」と呼ばれるものだ。

「ハードスキル」とはマーケティング、統計学、財務、ロジカルシンキングなどのことであり、ビジネスで必要とされる専門的な能力やフレームワーク、すなわち“道具”である。企業価値を何通りもの方法で計算したり、顧客を分析しながら最も利益率の高い商品を売ったりする技術のことだ。90年代まではあまり知られていないものだったが、今ではビジネススクールなどで学べる機会が少しずつ増えて知られるようになってきた。

しかし、仕事で結果を出すためにはこれだけでは不十分だ。もう1つの力「ソフトスキル」である。相手の信仰宗教を尊重して行動しつつビジネスを円滑に進められる、といった目には見えない力、つまりコミュニケ―ション能力が不可欠だ。コミュニケーションとは、一対一とは限らない。一体複数という状況であっても相手を動かすことができるファシリテーション力や、牽引力を発揮できるリーダーシップもこの「ソフトスキル」に含まれる。海外が舞台となれば、もちろん英語でソフトスキルを発揮することが求められる。

ハードスキルとソフトスキルは両方身に付いて初めてビジネスで結果が出せる。ハードスキルだけあってソフトスキルがないと、いくら正しいことを言っても誰も耳を貸してくれないし、従ってくれない。逆にソフトスキルだけあってハードスキルがないと、間違った内容でも説得してやらせてしまうだろう。BBT大学では、このハードスキルとソフトスキルの訓練をしている。

ではこうした能力を育てるために何が重要か。それは1つしかない答えを教え、覚えさせるため「Teach（教える）」という概念から脱却し、複数の答えの中から議論や想像を通じて独自の答えを1つ選び、行動し成果を出す訓練を行う「Learn」を重視することだ。その意味で大学側が「教えない」というスタンスが重要といえる。Learnには、実践しつつ議論したり周囲の人々と相互に学び合ったり、失敗して修正しつつ答えを見つけ出していく過程がある。自分で調べ、考え、行動し、結果を出すまでのサイクルを繰り返すことができるのだ。あらかじめ決まった答えを覚えて暗記するだけの力は、ビジネスでは通用しないのは明白であろう。そして当然、BBT大学の講義には「教えない大学」という教育方針に沿った工夫・仕掛けが施されている。学生に自ら考え、行動させるための仕掛けである。

（3）BBT大学の講義で重要視する「実践と行動」

（◎実戦・行動させるBBT大学の講義：自由研究・ベトナムプログラム）

ここで、BBT大学の講義をいくつか具体的に紹介しよう。いずれも学生に自ら考え、「行動」を起こさせる工夫が織り込まれたものだ。ストリート・スマートに挑戦するための道のりがBBT大学にあることを垣間見ていただけるだろう。

・新興国現地に行って（任意で）ヒアリングをしてくる

大学講義「新興国ビジネス事例研究」では、新興国でいけそうなビジネスプランを考えよ、という課題が与えられる。ただし、その過程で必ず対象国の人５人以上にヒアリングすることを条件にしている。任意で新興国現地に赴くか、もしくは日本に住んでいる留学生などにコンタクトをしてリアリティのあるリサーチをもとにビジネスプランニングをするのだ。

・ベトナムに放り込まれて、行動力・実践力を磨く

大学講義「自由研究（ベトナムプログラム）」では、ベトナム現地に１週間滞在し、２人１組になって毎日与えられるミッションに取り組む。１日50人以上のベトナム人に街頭インタビューをするミッションや、ベトナム人向けのCMをつくるミッションなどが与えられる。頭で考えるだけではなく、自ら行動せざるを得ない環境で成果を追求していくプログラムだ。もちろん、オンラインでBBT教員から指導を受けながら取り組む。海外の実体験で得られた気付き・刺激は学生の意識変化に大きなインパクトを与える。実際に参加した学生は、帰国後その成果をもとに海外での起業準備に取り組んでいる。

・元リクルート社の常務に直接プレゼンしてフィードバックをもらう

大学講義「コミュニケーション実践」では、プレゼンテーション・コミュニケーションなどを学ぶ。この最終試験ではビデオチャットを使って、プレゼンテーションのスペシャリストである教員（元リクルート社の常務）に一対一で直接プレゼンし、その後フィードバックをもらう。このような機会は大変貴重であろう。

・アマゾンマーケットプレイスで実際にモノを売ってみる

大学講義「WEB マーケティング」では、WEB マーケティングの知識をただ学ぶだけで終わらず、実際にモノを売ってみることが課題として与えられる。アマゾンマーケットプレイスでモノを売り、その売上をチーム毎に競うのだ。実際にやってみた時の学びの質は、ただ知識として覚えるよりも格段に高い。

・フィリピン人インストラクターを相手に、英語を繰り返し訓練

BBT 大学で学ぶ英語は、フィリピンのマニラの中心街マカティに50 人ほどのフィリピン人インストラクターを配置し、ネットを通じて 1 コマ 25 分の対話レッスンを最低 30 コマ行う。そうすると、最初はチンプンカンプンの人でも、同じケースのトレーニングを 5 ～ 6 回繰り返せば、少しずつできるようになってくる。学生のレベルに応じ、状況を想定して繰り返し練習することでビジネス英語を習得するのだ。

・本物の投資家の前でプレゼンし、実践的なフィードバックを得る

大学講義「ベンチャーファイナンス」では、新規事業の財務計画について学ぶ。最終成果物として財務計画書を作成するのだが、ここで数名の学生が選ばれて、本物のベンチャーキャピタリスト（投資家）たちを前にプレゼンさせる。投資家目線でどんな点が良く評価されるのか、もしくは厳しく評価されるのかを体感することが出来る。そしてこのプレゼン及び投資家からのフィードバックの映像模様はクラスメイト全員にシェアされるのだ。厳しい意見をもらうことが多いが、より実践に近い経験を学生全員でシェア出来るという点で、とても貴重な財産となる。

（4）BBT大学生の紹介

単に机上だけで学習するのではなく、様々な行動を起こしながら学び続けている学生たち。BBT大学にはいったいどんな学生が学びにきているのか、紹介しよう。

○野尻さん（2011年春入学　経営学部　グローバル経営学科）

私立大学に入学するも、授業の内容などから将来の明るい見通しを見いだせず、退学してBBT大学に入学。1年間国内にてバイトしながらの学生生活を送った後、2年次からフィリピンへ。現地の語学学校で英語を学び、現地大学の授業に参加などもした後に、現地で知り合った日本人の企業で働く。BBT大学を継続しながら、フィリピンと日本を結ぶビジネスを構想中。

○石黒さん（2012年秋入学　経営学部　グローバル経営学科）

専門学校卒業後にアパレル会社勤務。全店舗へiPad導入などの実績を挙げるが、サラリーマン時代に飽き飽きし9年目で退職。独立を試みるが何もできない自分に意思喪失……していたところ、退職した会社の社長から、立ち上げたばかりの香港現地法人のスタッフとして声をかけられる。舞い込んできたチャンスを結果につなげるためにBBT大学への入学を決意、入試を受けると同時に香港へ。現在は香港・韓国・日本を飛び回りながら、業界でのブランド価値創造を目指し

ている。

○土井さん（2011年秋入学　経営学部　グローバル経営学科）

15歳から大手ファストフード店でアルバイトとして働きはじめ、18歳で店舗マネージャーに。「完全に調子に乗っていた」が、15歳から50代という幅広い年齢の違うグループをまとめるのに四苦八苦、「伸びていた鼻を折られまくって」変わる。その経験もあり、体系的な経営の知識の重要性を感じてBBT大学に入学。入学後全くの異業種である人材サービス会社大手に転職。新たなチャレンジに取り組んだ結果営業で成果を出し、リーダーに昇格。また社内の営業成果事例コンテストにて全国優勝を獲得と、活躍中。

○宗野さん（2012年春入学　経営学部　グローバル経営学科［編入学］）

文具・家具メーカーの総務部門に勤務。入学前は漠然と「世の中を広く知り、自分の可能性を広げたい」と思っていたが、入学以降はBBTのネットワークを通じて「行きたい場所、会いたい人が見つかるとすぐ行動」するようになった。最近は提携校のペンシルベニア大学へ2か月間の語学留学にもチャレンジ。BBT大学の仲間と切磋琢磨する中で、大変なことでも楽しめるタフさが身についてきた。「やりたいことは全部やれ！」をモットーに、アクティブに活動中。

○向田さん（2010年秋入学　経営学部　ITソリューション学科）

（◎ BBT大学生の紹介：仕事の両立は可能？）

大学工学部卒業後、SE等を経てネット企業でマネージャーとして勤務。しかし先行きの不透明さからBBT大学に入学。入学後1か月目で第一子が誕生。仕事・乳児子育て・学生の3足のわらじを両立。妻の理解やタイムマネジメント、同期の仲間からの励ましでなんとか乗り切る。仕事では意識の変化もあり、BtoB寄りからBtoC向けのサービスマネージャーに異動し、その後ネット関連の新規事業担当マネージャーとして転職。一層忙しくなる中、大学での学びを継続中。

○広永さん（2011年春入学　経営学部　グローバル経営学科）

札幌で外食企業を立ち上げ、料理長として成功に導く。現在は経営陣としても活動しながらBBT大学で学んでいる。先見性ある経営能力の必要性と、自社を次のステップに進めることへの課題意識から入学。結果視界が開け、海外進出をはじめ、以前は思いも付かなかった様々な戦略を策定中。身体的なハンディを抱えながらも、「勇気を持って踏み出すことで誰もが自己実現できるという事例を世に示していきたい」という想いで邁進中。

○上野さん（2010年秋入学　経営学部　グローバル経営学科）

アロマセラピスト、カウンセラーとして起業。クライアントの心身のケアに携わる。個人事業主として活動する中で、「顧客の夢の実現や社会貢献をもっと応援したい！」という思いが強くなるものの、心身のケアに関わる知見のみでは限界を感じ、他の分野・領域も学ぶ必要性を痛感。そのような中BBT大学に出会い入学。グローバル経済と経営、問題解決、心理学など、授業での学びを顧客へのサービスの中で活用・提供すると、クライアントは今までにない前向きな成果を得る。またオンライン大学での学習経験から、事業においてもIT化に取組むなど、仕事と学習を継続する日々。

（5）BBT大学生の「行動の変化」

BBT大学で学ぶことが、自身の成長にどれ程の影響を与えているのだろうか。田中慎一さん（32歳・熊本在住）は2011年秋に入学後、勤めていた大手企業を退職して現在は起業準備中だ。前述のBBT大学講義「自由研究（ベトナムプログラム）」に参加後、「行動の変化」によって、一歩ずつ着実に前進し始めた田中さんの様子を紹介しよう。

◆エアキャンパス（AC）発言より

・ベトナムプログラム参加前の田中さんコメント

Forum:　自由研究（ベトナムプログラム）
Title:　事前計画シート
Sender:　田中慎一
Date:　2013/05/17（金）13:59

今の自分は、目的はきちんと持っているものの、行動するその勇気や一歩踏み出す力が欠けている。ベトナムで毎日与えられるミッションは、日本国内と比べて常に慣れない言葉や習慣の違う異国という逆境を前提にクリアしないといけない。本プログラムには『出来ない理由をいくつも挙げて行動しない（逃げる）というありがちな性格を打破する』という思いで臨むつもり。最終ミッションを完了するその日までには、言い訳をしないというよりも『逆境を楽しむ』ようになっていたい

＊　＊　＊

・ベトナムプログラム参加後の田中さんコメント

Forum:　自由研究（ベトナムプログラム）
Title:　第 5 日目の日報（ミッション最終日）
Sender:　田中慎一
Date:　2013/05/26（日）03:04

目的として『一歩踏み出す力』をつけたいという思いがあった。あらゆることを想定しすぎる癖や、やれない理由ばかりを並べてやらない自分を変えたかった。初日、2 日目にして 20 ～ 30 人の学生みんなを巻き込んだアンケート調査、刺青の怖い人に声をかける、バイクタクシーの人にお金を払ってベトナム語をカフェで教えてもらうなど、たった 2 日間だけでもこれだけ出来るようになった。そこから言えるのは『異国で知らない土地だからできないとは言えない』ということである。やれないことは何もないのではないかとも思えるほどの心の成長があった。失敗から得た学び、失敗を恐れない勇気、そこから得られるものの大きさ、そこから新し

く生まれ変わる自分、これらすべてを体感した。今後の目標は4つ。

1．行動を起こすこと
2．計画しすぎないこと（仮説→検証→修正→繰り返し）、不完全でも時間を決めてやってみる
3．表面上の事業計画よりも強い思いを波及させること
4．「やれない理由」は「やらない理由」だと肝に銘じること。

具体的には、会社を作ること、グローバルな活動を行うこと。そして、どんな環境でも乗り越えていける真のグローバル人材になる。動いたら何かやれるはずなので、まずは行動ありきの思考で考えるようにする。

＊　＊　＊

・指導教員（伊藤泰史・BBT 大学副学長）のコメント

Forum:　自由研究（ベトナムプログラム）
Title:　RE:5 日間の総まとめレポート
Sender:　伊藤泰史（BBT 大学副学長）
Date:　2013/06/10（月）21:53

この経験は、実際に本当の事業を立ち上げるときに役立つことと思います。事業の立ち上げ時は、暗中模索の中、try&error を繰り返しながら、一歩一歩進んでいくものです。また、新規事業はスピードが大事です。限られた時間の中で問題解決をしながら、目標に向かって進んでいく。思い通りに行かないことの連続ですが、成功するまで諦めないことが成功の秘訣です。自分の掲げたミッションは変わるものではありませんが、それを実現する為の戦略や戦術は変わっていくものです。

プログラム終了後

約1週間のベトナムプログラム終了後、語学留学でフィリピンに渡った田中さん。そこで「フィリピンにおける大手イングリッシュスクールへ日本人留学生を紹介するエージェント業」という新事業アイデアを思いつき、ベトナムで培った行動力を活かしてマーケッ

トリサーチに動いた。では、その田中さんの事業プランの概要を紹介しよう。

◆エアキャンパス（AC）発言より

・**バギオでの留学紹介エージェント業**

Forum:　自由研究（ベトナムプログラム）
Title:　留学エージェントの道ーエージェント企画書
Sender:　田中慎一
Date:　2013/08/22（木）17:45

フィリピン内でマニラ、セブは韓国人や中国人のみならず、日本人にも観光地として既に広く知れ渡っている。その為、フィリピン留学を意識したときにそれらの地域は既に多くの日本人留学生やエージェントが存在する。また、バギオはフィリピンで唯一の避暑地として知られ、多くの教育機関が集まる場所として有名であり、韓国人にとって留学先としては定番となっている。その一方で、バギオは日本人にとってはほとんど馴染みがなく、人口に占める割合も韓国人と比べると圧倒的に少ない。韓国系語学学校の経営者は韓国人留学生のマネージメントは十分にできているが、日本人向けはほとんどが日本人のエージェントを介してしか入ってきておらず、またその日本人向けエージェントの数もマニラ、セブと比べると数えるほどしか存在しない。競合他社は多エリアに展開している（フィリピンだと特にマニラ、セブ）が、ニッチにバギオに特化したエージェントから始める。バギオ留学ならこのスクールエージェントが一番信頼できるといわれるようになることが当面の目標だ。

＊　＊　＊

・**田中さんの企画書に対して、指導教員からは要改善のリクエストも多い**

Forum:　自由研究（ベトナムプログラム）
Title:　RE: 留学エージェントの道ーエージェント企画書
Sender:　伊藤泰史（BBT 大学副学長）
Date:　2013/08/23（金）12:59

バギオという土地だけでビジネスをする場合の市場規模はどれくらいか？小さすぎないか。競合の存在やビジネスモデルをもっと知ること。すでに存在しているビジネスモデルでやる場合は、次のようなことが必要です。「競合より、安くやる」「競合より、新サービスを早く出す」「競合より、よりいいサービスを提供する」。そして、これらを試行錯誤でやっていく行動力が必要です。市場の大きさ、動向を見極め、いけると判断した後で。

＊　　＊　　＊

・田中さんに起きた「行動の変化」

Forum:　自由研究（ベトナムプログラム）
Title:　RE:【最終】フィリピン留学エージェントの可能性－総まとめレポート
Sender:　田中慎一
Date:　2013/08/30（金）17:41
※添付資料の一部を抜粋して追記

論理的に考えて計画することには慣れていたが、いざやってみると不測の事態が多々起こる。結局すべてを予想することは難しく、むしろ大雑把でもいいからやってみて、その後でどんどん修正を掛けていくことの大切さを知った。そしてこれを繰り返すうちに身体でこの感覚を覚え、ほとんどのことで出来ないことなど何もないのではないかと思えるようになった。

フィリピンではベトナムプログラムで学んだことをそのまま生かした形になった。「計画→実行→修正→実行」この繰り返しだった。PDCAなどと企業でよく言われるプロセスだが、初めて来た異国の地で、未経験の業界にアイデアと小計画だけで試してみた。昔からアイデアはよく思いつく方だったが、机上の空論でいつも終ってしまっていた。しかし、今回「一歩踏み出す力」を身に付けた自分には、「失敗はしても実行出来ないことはない」と言えるまでに至った。全ては実際にやってみてわかる。

写真：田中慎一さん。ベトナム現地で有機野菜の生産・経営者と交流。出荷作業の手伝いや店前で消費者ヒアリングも行った。

（6）失敗が許される環境

これまでお伝えした通り、BBT大学は学生自らが調べ、考え、行動し、結果を出すまでのサイクルを繰り返し試せる機会を提供している。社会に出れば、損得や利害関係があり、失敗が許されない環境だろう。しかし、BBT大学で出会う人々はそうではなく、試行錯誤が大いに許される環境となる。成功しないかもしれないけれどまずはやってみる、ということができるのだ。自身の付加価値を高めていくために、ストリート・スマートを目指し、挑戦するために打って付けの訓練場である。挑戦したい、成長したい、これがやりたいという何かしらのアンビションさえあれば、その可能性に限りは無い。BBT大学はそういう本気の人を支援し、伴走していきたいと考えている。

（ビジネス・ブレークスルー大学 学部事務局事務局長 宇野令一郎／石渡諭）

2．ビジネス・ブレークスルー大学 大学院
(ＢＢＴ大学 大学院)

（1）“正解”がない時代に求められる力とは？

変化が激しく、そのスピードも速いグローバル社会。世界各地で起きている事象が複雑に絡み合い、先を見通すことが難しい時代とも言える。過去の成功事例もあっという間に陳腐化し、これまでのやり方に拘っていてはジリ貧に。「何をすればいいのか？」「どうすればいいのか？」誰もその答えがわからず、手探りで進むことを余儀なくされている。

いわゆる“正解”がない時代に、生き残って成果を上げるために必要な力とは何なのだろうか？

専門知識やスキル、つまり「専門性」ももちろん必要であろう。「自分はこれができる」というのは大きな強みである。ただ、その「専門性」はこれから先も強みであり続けるのだろうか。また、「専門性」は１つ身につけて深めておけば安泰なのだろうか。過去の歴史を振り返ってみると、多くの「専門性」を必要とする仕事があった。しかし、現在、その多くがコンピューターやソフトウェア、ロボットに取って代わられている。人以外のものに取って代わられていなくても、誰でもできる付加価値が低い業務はより人件費の安い国に移されるなど、絶え間なく変化が起きていると言える。

繰り返しになるが、「専門性」が必要ないと言っているわけではない。自分が関わる分野に対する知識やスキル、ノウハウがあった

方が仕事で成果も上がる。また、仕事で成果を上げていくためには直面する問題を解決していく必要があるが、ある程度パターンが決まっていて「どのようにすればどうなるのか」、つまり「答え」が大体わかっている問題を効果的・効率的に解決することができる。いわゆる勉強ができて学歴の高い「アカデミック・スマート」と言われる人たちが得意とするものだ。それにより、これまで日本もビジネスなどにおいて高い成果を上げてきた。

しかし、実際に身の回りで起きている問題を見回してもらいたい。たしかに「答え」がわかっている問題も多いだろう。ただ、「答え」がわからない問題もまた多いのではないだろうか。そういった問題は大抵、物事を進める上で大きな支障になっていることが多い。そして、「答え」がわからないためどうしたらよいかわからず、「臭い物には蓋をしろ」精神でひとまず放置されてしまうこともまた多いのである。だが、それでは大きな前進は見込めないであろう。

「答え」のない時代に求められるのは、「突破力」。つまり、問題の本質がどこにあるのかを素早く見極め、それを解決するための自分なりの最適解を生み出す力、そしてそれを実行して絶えずフィードバックを得、学びながら解決に向け突き進む力なのである。机上で頭でっかちになってはいけない。自分の「専門性」の殻に閉じこもってもいけない。その時々で何が必要かを考え抜き、動き続けることが大切。難問にぶつかってもくじけず成果を上げ知恵として結実させていく「ストリート・スマート」さが求められているのである。

「専門性」と「突破力」。今の時代に仕事で高い成果を上げ続けるためには、その両方が不可欠である。「アカデミック・スマート」さを兼ね備えた「ストリート・スマート」な人材。それが、これからの時代を力強く生き抜いていくビジネスパーソン像なのである。

（2）この時代を生き抜き成果を上げるために、BBT 大学院では何を学ぶか？

BBT 大学院では、そういった力を身につけていくために「経営管理専攻」と「グローバリゼーション専攻」という 2 つの専攻がある。

1 年次は両専攻共通して、経営に関する基礎知識・スキルを学び、“不確実性”が多い中でそれらを使いこなして確実に成果を上げていくために土台となる「構想力・論理思考力・問題解決力」を徹底して鍛え上げていく。そして 2 年次以降は、それぞれ違った形で「ストリート・スマート」像を目指し育成していく。

経営管理専攻では、これまでにない事業や製品・サービスなどのソリューションを生み出し、新たな価値を創造していくことができる人材を育成する。そしてその成果を最大化するためにマネジメント力に磨きをかけていく。そのために、「構想力・論理思考力・問題解決力」をさらに突き詰めて育み、「イノベーション」を起こすための考え方などについて学んでいく。

一方、グローバリゼーション専攻では、英語を使う環境下で前線に立って成果を上げていくことが求められるビジネスパーソンに必要な力に磨きをかけていく。具体的には、ブロークンであったとしても力強く交渉などの局面を切り抜けていく「実践的な英語力」、海外でビジネスを軌道に乗せるために必要な商習慣や文化・風習などの「勘所」である。

こういった学びを通して、自らの手で現状を切り開き成果を上げることができる人材を、当大学院では育成しているのである。

BBT 大学院が設立されて、2014 年には 10 周年を迎える。老舗の大学院と比較するとまだ若い大学院だが、修了生は 571 名いる

（2013年4月現在）。大学院を巣立ち、自らの足で突き進み、ストリート・スマート像への挑戦を始めた修了生がどのような活躍をしているのかを一部紹介したい。

（3）国内・国外問わず活躍する修了生たち

2013年8月に、BBT大学院の修了生（MBAホルダー）の生の声を集めたWebコンテンツ【ROLE MODELS】が公開された。BBT大学院の第1期生から、2013年3月に卒業をした修了生まで、合計100名を超えるMBAホルダーのリアルな声が集まったものである。

入学前、在学中、卒業後の3つの時間軸で当時を振り返っていただき、学ぼうと考えた理由やBBT大学院を選んだ理由、実際に学んでどのような力が身につき、その結果どのような成果につながっているのかなどについて語られている。

また、様々な条件で修了生を検索することができ、検討者は自分に近い修了生、いわばロールモデルを探すことができるようになっており、出願を検討していただく上での参考にすべく活用していただいている。

今回はその中から、一部の修了生のリアルな声を紹介したい。

○1－『インドにおいて日本食を広めることが今の目標』

橋本紀明さん（50代）

2008年春期入学、グローバリゼーション専攻。
インドにて食品を中心に取り扱う会社を経営。

1）入学前について

90年代からの数回に渡る山あり谷ありのアジア勤務から得た海外ビジネスに対する自分の考えを知識、経験が豊富なBBT大学院の教授にぶつけて議論してみたいという願望が強かったと言えます。しかしそれ以外にも、海外勤務で体を壊して日本に帰国した後に役員になるも、このまま安泰に過ごしていったら60歳以降、新たなことにチャレンジする気力がなくなってしまうかもという恐怖。健康を回復した今、体力的にも精神的にも元気なうちに海外でまたひと暴れしたいという熱い想い。しかし、一旦病気をしたために会社が再度海外赴任させることはほぼないが、それでも捲土重来を期したい、そのためにも何かしなければいけないという焦り。そして、インターネットを使って時間の無駄もなく、専門分野も年齢も異なる若い人たち（学生）と対等な立場で議論してみたいという希望。など、様々な理由から、やるなら今しかないと思い、BBT大学院に入学を決めました。

ただ、グローバリゼーション専攻はかなりの英語力が必要であることと先輩のいない一期生だったため、英語力に自信のない自分はどうしようかと真剣に悩みました。しかし、グローバリゼーション専攻へのチャレンジを諦めて後で後悔するよりも、結果としてダメであってもチャレンジした方が悔いは残らないと覚悟を決めました。

2）在学中について

役に立った科目はたくさんあるのですが、中でも中小企業論 Hidden Champions of The 21st Century は有意義でした。それまでは、中小企業の領域は自分とは関係がないと思っていましたが、授業を聴いていて自分もまた海外で中小零細企業の世界に飛び込んでみたいと思うようになりました。教授の授業が起業するきっかけを作ってくれたかも知れません。

BBT 大学院は教授と学生の（精神的）距離が非常に近いのが特徴だと思っています。お互いに敬意を払いながら、それぞれが持っている「専門性」と「突破力」をぶつけあい積極的にメッセージを発するという BBT 大学院独特の教育システムは自分に適していたと今でも思っています。インタラクテイブな教育環境がなせる業ですね。

働きながら学ぶ以上、時間的な制約は厳しかったのですが、それはどの大学院でも同じだと思います。とにかく、BBT 大学院というグループから振り落とされないように前へ前へと突き進まなければと常に意識していましたので、悩むひまもなかったというのが正直、2 年間の実感です。しかし、この学びをこなしきったことが結果として自分の英語力に自信をもたらしてくれました。

3）卒業後について

BBT 大学院で学んだ最大の収穫は、出張で行った時、独特の臭いがあって息をするのも苦しく、現地で起業するなんてとんでもないと思っていた、そんなインドにあえて自分自身を飛び込ませる勇気をくれたことです。

外国ではコミュニケーションが出来ないと相手に対して恐怖心を抱くので、昔は、赴任先や出張先で現地の言葉（韓国語、中国語、台湾語、アラビア語など7カ国語）を学んで言葉のハンディをカバーしていましたが、最近は英語がデファクトスタンダードになってきましたので、BBT大学院でしっかり学んだ英語が役に立っています。

人生は、時間、お金、人間関係などいろいろな制約条件の中において自分を最大化することだと思っています。ただ、その制約条件も自分の努力で少しずつ拡大できるとも思っています。

今やっているのは、日本食が苦手だったインドの皆様に和食を楽しんでもらうことです。チャレンジしてみると意外に日本食や日本文化に興味を持つインドの方が多いことに気づきましたのでやりがいは増しています。

レストランにいると日本語を教えてくれというインド人の社会人や学生がよく来ます。そのためか、お客さんの層は、他の日本レストランと違って日本人以外の人（インド、アメリカ、フランス、イギリス、韓国、シンガポール、香港、台湾など）が多数を占めるようになってきています。それなら、日本語のみならず日本文化、歴史、政治経済も教えようか。いっそ、午後のテータイム時にサロンにしようかなど夢は膨らむ一方です。

まさに芭蕉の気持ちのようです。『アラカン（Around 還暦）や、夢はインドをかけ廻る』。

○2－『日本人でも世界を相手に対等以上に勝負できるのだということを自らの行動で示していきたい』

大坪直哉さん（40代）

2011年春期入学　グローバリゼーション専攻。パフォーマンスディスプレイ広告を扱う外資系企業で日本、韓国市場を開拓するチームのリーダーを担う。

1）入学前について

前々職で元コンサルタントの同僚からクリティカルシンキングを学んだことで具体的にMBA取得を意識し始めました。40歳という区切りの年を迎え（当時39歳）、やらないと一生後悔するだろうと思い、チャレンジを決意しました。

自分がBBT大学院を選んだ理由は3つあります。二人目の子どもが生まれたばかりだったため、子育てへの参加は必須だったこと。また、どうしても英語環境で学びたかったため英語で授業を提供していること。年齢を考えた時に退職して学ぶという選択肢はなかったため、勤務しながら学べる仕組みを提供していることも必須の条件でした。これら3つを満たしているのがBBT大学院でした。

2）　在学中について

ネゴシエーション能力やプレゼンテーション能力を高めるための科目がとてもタメになりました。どちらも感覚的にしか学んだことがなく、なぜそうすべきか？というところまで落とし込んで考えたことがなかったので、とても参考になりました。準備の仕方、構成の仕方を学ぶことができただけでなく、それを授業の中で実践を通してスキルとして身につけることができたと思います。

現在の職場環境において、ネゴシエーションとプレゼンテーションは日常よく行うことです。この二つのスキルを身につけ、自身の専門性を活かしながらも前線で成果を出していくことで自分への評価も上がり、任される仕事もより大きなものになりました。

3）　卒業後について

BBT大学院入学の動機となったクリティカルシンキングは、全ての基本に活きていて、具体的な事例を通してその感覚を養い続けています。在学中に「fact（事実）に基づく」重要性も徹底的に教えられてきたので、factlessな内容に対してますます敏感になり、実際の業務もfactを通して行う習慣が身に付きました。本質的な問題を素早く見つけて解決策を打つ上では不可欠なことです。

また、2年間のハードな学びを経て自信を得たことも大きいです。不思議なもので、自信を得ると人は話し方や振る舞いに説得力が出、それが好循環を生みます。現場で問題を解決しながら突き進むうえで、良い影響が出てきていると思います。

今の目標は、よりグローバルレベルでマネジメントを行うことです。日本人だということを何かができないことの言い訳にするのではなく、日本人でも世界を相手に対等以上に勝負できるのだということを自らの行動で示していきたいと考えています。一方で、起業もしていきたいですね。

○3－『取引先が限られていることに不安。経営者として事業の多角化、新規事業立案の必要性を感じていた』

羽田野正治さん（40代）

2010年春期入学、経営管理専攻。

監視カメラなどを製造・販売・レンタルする会社を経営。

1）　入学前について

私が経営する会社は官公庁との取引がメインなので手堅い商売なのですが、現在の国の状況、経済の状況、人口のデモグラフィーなどを総合的に考えると、取引先が国や地方だけだと逆に不安になり、将来的には事業の多角化や新規事業の立案をする必要性を感じていました。しかし、私はビジネス本を読んだくらいの知識しかなく具体的にどうしていいのかわかりませんでした。また、従業員を路頭に迷わせるわけにはいかないので、事業を失敗する確率を下げるためにビジネスをしっかり勉強できるMBA取得を考えました。

BBT大学院を選んだ理由は、せっかくMBAを目指すのだから厳しい方がよいと考えたこと、遠隔教育についても何度か説明会に参加させていただき遠隔教育システムAirCampusの説明を受けたら、面白そうだし時間や場所の制約がない方が自分には都合がいいのではないかと思ったことが挙げられます。絶対に卒業するという覚悟もありました。

2）　在学中について

実際に学んでみて一番タメになったと思える科目は、「問題発見思考」「問題解決思考」だと思います。講義では演繹法や帰納法という論理的思考を徹底的に鍛えられ、その問題を解決するために重要な本質的問題を発見すること、そしてその本質的問題を解決する解決策を立案して実行するというアプローチ方法を学ぶことができました。これは社内の問題でもこれからの会社の成長戦略でもどんな問題でも使うことができます。これらの講義を受けたことによって論理的思考、情報収集・分析・統合・立案を常に思考の中に取り入れるようになりました。

私が重要だと思うのは、家族（特に妻）の理解と協力だと思います。どうしても平日夜や土日に勉強していると、子供の世話や用事をすることができないので、妻が一人でやることになります。これはとても大変な負担になります。だから我が家では妻とよく話し合い、私が協力できることできないことを確認しながらできるときは家族との時間を大切にしてバランスを取りました。

3)　卒業後について

実践では、すべての事において論理的に考えるようになりました。「答えのない時代」の中、自分で出した答えが正しいかわかりませんが、少しずつ実績を積み重ねてより最適な解に近づくことができるようになりました。また、講義で学んだこと以外にAirCampusの議論を通じて「集団知」を形成することができました。困ったときにその分野の専門家に話を聞くことができたり、みんなだったらどう議論が展開するか、等々自分の考えにプラスして大きいところから多角的に考えられるようになりました。

これからは入学する時に考えていた、事業の多角化、新規事業立案などに学んだことを活かして取り組んでいきたいと思います。一部、実践していますが上々のスタートを切っています。今後はさらに力を入れ事業拡大を目指します。また、会社が大きくなり余裕が出てきたら頑張ってくれている従業員にBBT大学院の門を叩かせてあげたいと思います。

（4）卒業後も、自分に必要な武器を得ながら学び続ける修了生たち

BBT 大学院の経営管理専攻、グローバリゼーション専攻ともに、卒業してからも学び続ける修了生がとても多い。自らの手で現状を切り開き成果を上げることができる「ストリート・スマート」像への挑戦にとって、前線で戦い抜くために必要なことを見極め、それを身につけるために学び、実践で活かしていくというサイクルは欠かすことができない。

修了生がより高い成果を上げていくことを、BBT として、BBT 大学院としてバックアップしていきたいと思う。

（ビジネス・ブレークスルー大学大学院　事務局　　近内 健晃）

【コラム】心と身体のマネジメント

――「ストリート・スマート」には健康マネジメントも重要

（◎関連映像：心と身体マネジメント）

BBT 大学院を巣立ってから、自分の分野でさらに高い成果を上げ始めてきている修了生たち。修了後も自らの目標や夢を実現するために精力的に学び続けている。そのような中、最近、彼らが、BBT が行っている「心と身体の健康」をテーマにしたコンテンツ『ビジネスマン健康カレッジ』のセミナーに参加する風景をよく見かける。なぜ、健康なのだろうか？

スポーツや格闘技で用いられている「心技体」という言葉。いずれもパフォーマンスを上げるために不可欠である。しかし、ビジネスにおいては「技（知識、スキル）」だけをひたすら追い求める傾向にあるように思われる。日常で「心と体」に目が向けられることはほとんどない。しかし、「技」を確実に活かすためには、人間力ともいえる「心と体」という土台がしっかりしている必要がある。エグゼクティブになればなるほど周りへの影響力は大きくなり、自身の「心と体」は個人の問題だけではなくなる。

実際に海外のビジネススクールを見てみると、近年では講義の中に健康経営や健康マネジメントを科目に取り入れているところも少なくない。また Google 社などの大手米国企業でも「瞑想」を用いて、社内トレーニングを行っているところも増加しているようだ。それだけ成果を上げるために必要な要素だと認められているのだ。心と体に不調があっては、持てる能力を存分に発揮できないのは想像に難くないだろう。

健康マネジメントを効果的に行うためには、正しい情報と知恵を有し、着実に実行することが重要。ビジネスを遂行するプロセスと同様に、情報が溢れる社会で、何が正しく、何が間違っているのか、自分にフィットする情報は何か、などを精査する力（健康リテラシー）を高める必要もある。『ビジネスマン健康カレッジ』は、その一助になりたいと考えている。

今までに 50 以上のセミナー、30 近い動画コンテンツを作成し、延べ 1,000 名近い方々に提供している。主なコンテンツは以下のとおり。

「ブレない精神を手に入れる呼吸法」「ビジネスパーソンのための食育」「医師から語られることのなかった健康の本質」「ビジネスパーソンの睡眠法」「脳からストレスを消す技術」「成功者が実践するメンタルトレーニング」「メンタルタフネス経営」「成功を勝ち取るビジネスリーダーの健康講座」「ビジネスマンのための「免疫革命」」「自衛隊式大人の心の鍛え方」「人を魅了する声の作り方」「効率を求めた至高の運動法」「ビジネスマンのマラソン運動効率 200％セミナー」他

自ら健全な心と身体をつかみ取り、充実したビジネスライフも手に入れてもらいたい。

（ビジネスマン健康カレッジ　松戸 治）

3. BOND-BBT グローバルリーダーシップMBA

（1）Bond-BBT MBA グローバルリーダーシップMBAで学べることはなにか―Bond-BBT グローバルリーダーシップMBAでのプロセス

MBAはそもそも知識だけを学ぶための場所ではない。
より成果を出すために訓練する場所である。

Bond-BBT グローバルリーダーシップ MBA プログラムを紹介するにあたり、野球に例えてお話をさせていただきます。

ボールの打ち方さえ学べば、みなさんはプロ野球選手のようにホームランやヒットを打てるようになるでしょうか。当たり前ですが、答えはNOです。

体作りのための筋トレやランニング、素振りで打ち方の基礎を学び、何度も何度も打席で実践しながら繰り返し思考錯誤の中で打撃スキルを磨いていきます。

試合になれば、投手毎のデータを頭に入れて、球種を瞬時に判断できるようになってはじめて、ヒットやホームランを打てるようになっていくわけです。

その上で、イチローのように独自の打ち方でヒットを量産したり、松井のようにホームランの打ち方を独自に身につけていく選手がいます。つまり、打ち方の知識だけでは当然打てるわけがありませんし、打ち方も知らずに打席に立ってもなかなか打てるようにはなりません。ビジネスも野球と同様に、成果を残せるようになるためには、知識を学びながら実践を繰り返し行うといったプロセスが欠かせません。

まさにBond-BBT グローバルリーダーシップ MBA では、このプロセスを行っていただきます。単なる知識だけの詰め込みをするのではなく、実践をベースとした学習を繰り返し行っていただくことで成果の残せるようになっていただきます。つまり、ビジネスの体系的な知識（フレームワーク）を得て、たくさんの素振り（ディスカッション）を通じて、「自分ならどう考えるのか？」を徹底的に議論していただくわけです。

クラスメートや講師とのディスカッションを通じて、様々な経験値を積んでいきながら、そこで得た学びを職場で実践をしてみます。実践に活かす過程で当然、ただそのまま当てはめても現場になじまない場合もあるでしょう。その場合は、現場になじむようにフレームワークを変形させていく必要があるのです。

このように、日々理論と実践の間を繰り返しすることで、経験値を溜めていきます。最初からできる人なんていません。訓練したから出来るようになるのです。だからこそ、訓練に時間をかける以外方法はないのです。

少なくとも打ち方の知識もない、基礎練習もしないような方が、ある日突然、ホームランを打てる事はあり得ません。人によって出来るようになるまでの時間差はあれど、どんな人でも、必ずある一定以上の学習と実践を繰り返し訓練すれば出来るようになります。

Bond-BBT グローバルリーダーシップ MBA では、これらを一人で乗り越えるのではなくて講師や他受講生、時には卒業生から様々な刺激やサポートを得ながら学んでいただきます。

大前研一も在校生にこんなコメントを残しています。

＊　＊　＊

学生 > 学長が唸るような発言が出来るようであれば、

大前 > 僕は教授だから、べつに唸らなくてもいいんだよ。発言の内容を見ながら、君たちが少しでも経営の本質に迫れるようなヒントがあれば見逃さずに指摘したいと思っているだけだから。唸るような発言が続けば、体に悪いかも。

でも卒業したら、唸るようなできばえを見せてもらいたいね。クラスにいる間には落馬の経験をたくさんした方が良いんじゃない。卒業生としては活躍して、唸るどころか目が揺るみっぱなし、ってな夢は見ているけどね。

＊　＊　＊

このような学びを通じた卒業生が、日々実践の中で、もがきながらも確実に成長し成果を残しています。今回は卒業生３名のお話をご紹介させていただきます。

（2）Bond-BBT グローバルリーダーシップ MBA 卒業生の声と成果

【第 1 候補】鮄川 宏樹さん

（株式会社モンスター・ラボ 代表取締役、 Bond-BBT グローバルリーダーシップ MBA　2006 年 2 月修了）

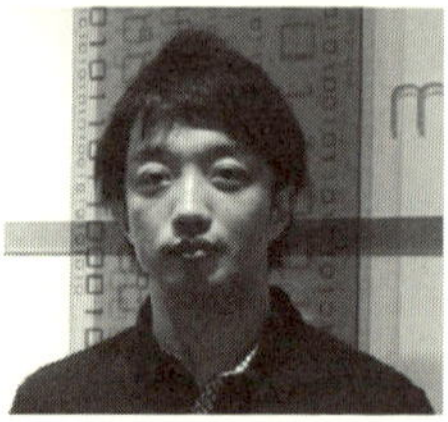

── いながわさんは、モンスター・ラボ設立まで、大手コンサルティング会社、IT 系ベンチャー、さらに戦略系コンサルティング会社へと転職されていますが、当時はどのようなキャリアプランをお持ちでしたか？

大学で就職活動をしていたとき、企業 1 社に限定される就職は、自分自身のさまざまな可能性を狭めてしまうような印象を持ったんですね。でも、コンサルティング業界ならさまざまな業界や企業を見られるし、自分の可能性を広げられるかもしれない。それも外資系コンサルティング会社なら、海外の人たちとビジネスができるかもしれないと考え、米国最大手のコンサルティング会社に就職したんです。

ところが、当時は Yahoo! などの新しいビジネスモデルが海外から流入してきた時代で、「これからはインターネットで世界が変わる！」という時代性を感じていました。このまま大企業だけを相手にコンサルティングビジネスをしていたのでは時代に取り残される。自分自身が世の中を変えていくようなソリューションやサービスを創り出していくには、IT というものを技術者レベルで知っていないといけない。そんな思いから、1 年後に IT 系ベンチャーに転職しました。

僕にとって大事なのは、新しい分野で何かを切り拓ける人間になることで、「仕事」は将来に活きる知識やスキルを習得するための手段と考えていたんです。

―― 2004年1月にBond-BBTグローバルリーダーシップMBAに入学されたのは、どんなお考えからだったのですか？

外資系コンサルティング会社での活動は、ロジカルシンキングやプロフェッショナルの意識などビジネスパーソンとしての土台をつくるのが目的で、2社目のベンチャー企業ではITビジネスを知識・技術の両面で深掘りすることができました。

肝心なのは次のステップで、ビジネスにインパクトを与える戦略コンサルティングの道と、事業会社のビジネスリーダーをめざす道、そして自分で起業するという道という3つの将来像がありました。すべてに共通して必要なのは、それまで習得した知識やスキルに加え、マーケティングやヒューマンリソースマネジメント、財務などを体系的に勉強すること。そして、さまざまな分野で活躍するビジネスパーソンと会って刺激を受けること。自分のキャリアにおけるブレークスルーがほしかったんです。

―― Bond-BBTグローバルリーダーシップMBAへの入学の決め手は何でしたか？

MBA取得を考え、2年間海外の大学に行くことも考えましたが、Bond-BBTグローバルリーダーシップMBAなら自分のキャリアを中断することなく受講できるし、費用も安い。そして何より、他のビジネス系スクールよりも講師陣の質が高い。大前研一さんを筆頭にすごい方々が揃っていて、その講義を受けられること自体が魅力的だと思いました。

実際に受講が始まると、グループワークやボンド大学でのスタディツアーで会う受講生の質の高さにも驚きました。それまで、実業家の方や企業の中核的なポジションで活躍されている方に会う機会はあまりなかったので、そういう方たちと会っていろいろな角度から生々しい話を聞けるのがうれしく、本当に刺激的でした。

―― モンスター・ラボの創業事業は、MBA プログラムの課題である「ビジネスプラン」がベースだったそうですね。

ベースというより、ビジネスプラン＝起業準備でした。僕たちが取り組んだビジネスプランは、マスメディアで流れるメジャーレーベルの音楽に飽きた 20 代以降の人たちをターゲットにした、インディーズ音楽配信サービスです。

メジャーレーベルに所属せずに音楽活動をしている人たちはたくさんいて、そういう人たちの音楽とリスナーの好みをマッチングさせることができたら、新しい音楽市場を創り出すことができる。インターネットの配信技術を使えば、世界をマーケットにしたビジネス戦略も可能だと考えたんです。

実は MBA プログラムを受講中に戦略系コンサルティング会社に転職したのですが、その頃、アップル社の iPod や iTunes が急速に普及し、音楽のデジタル配信の世界が大きく変わろうとしていました。「インディーズ音楽配信サービスをやるなら今しかない！」と感じ、Bond-BBT グローバルリーダーシップ MBA 同期生たちと起業のためのビジネスプランに取り組みました。

課題制作であるビジネスプランの完成＝起業ですから、資金と拠点が必要です。そのため、準備資金は僕がコンサルタントとして働いて稼ぎ、僕の自宅に創業スタッフが集まって、休みなしに準備に取り組みました。スタッフは同じ MBA プログラム受講生である清水義憲、森永宏明のほか、外資系コンサルティング会社の同僚と、IT 系ベンチャー時代のエンジニア 2 名です。

そして、2006 年 2 月に Bond-BBT 大学院を卒業し、MBA を取得した翌日、株式会社モンスター・ラボを登記。さらに会社設立から半年後に、やはりBond-BBTグローバルリーダーシップMBA同期生の鈴木澄人が取締役として就任しました。

――モンスター・ラボの起業で特に苦労されたのはどのような点でしたか？

資金繰りですね。株式会社として登記は済んだので、早くサービスを立ち上げなければいけない。なのに、サービス内容へのこだわりから仕様変更が重なり、リリースがどんどん延びていく。その間は収益がないので、平日の昼間は僕が大阪でコンサルタントとして働いて資金調達し、東京の自宅で働くスタッフとは深夜にスカイプを使ってディスカッションし、土日は東京に戻ってスタッフ全員で働くという生活でした。でも、楽しかったですよ。計画どおりに行かない歯がゆさやもどかしさはありましたが、スタッフの誰ひとり、つらいとは思っていなかったと思います。

モンスター・ラボの創業事業であるインディーズ音楽配信サービス「monstar.fm」は、準備を始めて約1年後、2006年5月にリリースしました。このように、僕のキャリアのさまざまな場面で出会った人たちとBond-BBTグローバルリーダーシップMBAで出会った人たちの情熱とスキルが融合して誕生したのがモンスター・ラボであり、「monstar.fm」なんです。

―― モンスター・ラボは中国・成都市に「夢士達科技（成都）有限公司」を設立されていますね。

中国支社は、日本国内で受注したシステムのオフショア開発拠点として位置づけが大きいですね。日本人スタッフを置かず、業務のオペレーションにも中国のやり方を取り入れ、日本のやり方を押し付けないようにしたことで事業も順調で、今後は中国市場での「monstar.fm」の展開も考えています。

ただ、音楽などのコンテンツ配信にはさまざまな規制があり、この分野で中国に進出して成功した外資系企業はまだないのが実情です。

中国でいかに音楽配信をビジネス化していくか、僕たちも模索している段階です。

――音楽配信というビジネスは、世界規模の可能性を持っていますよね。

僕たちも中国だけでなく、全世界を市場にしていきたいと考えています。

その中でも今、狙っているのが、中国と東南アジアだということです。

これまで日本における音楽配信ビジネスの市場は、8～9割が“着うた”や“着ボイス”など、ガラケー（ガラパゴス携帯電話）の公式サイトで月額300円を儲けるビジネスなんです。ガラケー公式サイトでは、インディーズ系アーティストの曲をロングテールで配信するのは規約的にも難しく、キャリアに依存した規格なので、音楽配信ビジネスそのものが国内に閉じられているんですね。

この閉塞性を打ち破るのがスマートフォンです。スマートフォンならパソコンと同じようなプラットフォームのもと、共通規格でコンテンツ配信を展開できるので海外でも勝負できると考えています。この7月末にスタートしたコンシューマ向け新サービスでは、店舗向け音楽ラジオサービスのノウハウを活かし、ストリーミング形式で音楽を聴き放題で提供しているんです。

コンシューマ向け音楽配信サービスは、米国ではユーザーの好みを分析して配信曲のピックアップしてくれる「Pandora」が1億人を超えるユーザーを獲得しているし、ヨーロッパでは1600万を超す楽曲を配信する英国の「Spotify（スポッティファイ）」などが主流です。

でも、アジアではまだこうしたサービスが出てきていません。

だから、僕たちがアジアNo. 1の音楽配信サービスを創り出す。アジアでNo. 1なら、結果として世界No. 1ですからね。

――そうした、いな川さんの発想やビジネスに、Bond-BBTグローバルリー

ダーシップ MBA での学びや MBA は、どのように役立っていると思われますか？

Bond-BBT グローバルリーダーシップ MBA では、海外を見据え、ボーダーレスでサービスを考える思考を教え込まれているので、大前さんの発想は染みついていると思いますね。そのうえで Bond-BBT グローバルリーダーシップ MBA に入学した一番のメリットは、いろいろな方に出会い、その中で自分自身が刺激されたことです。

誰でも企業で働いているとその会社のカルチャーや思考に寄ってくるものですが、僕は Bond-BBT グローバルリーダーシップ MBA でいろいろな方と出会ったことで視野が広がり、考え方にも柔軟性が出てきたと思います。

MBA は自分の思考力を広げる努力の結果として得られるもので、MBA を取得すれば成功するわけではないし、取得していなくても成功する人は成功する。僕は Bond-BBT グローバルリーダーシップ MBA で MBA を取得したけど、それよりも一流の講師の方々から体系的に経営スキルを学び、一緒になって目標に向かっていける仲間たちと出会えたことが、何よりも大きなことだったと思っています。

――モンスター・ラボを成功させてきた、いな川さんにとって、起業を成功させるポイントは何だと思いますか？

僕は「成功者」ではなく「挑戦者」ですから、挑戦者の意見として言います。

スタートさせた事業がすんなり上手くいくということは、まずありません。

世界の名だたる企業がそうですし、日本のグリーやディー・エヌ・エーは創業時には思ってもいなかった方向でビジネスが花開いた企業の好例です。僕は万全を期して事業をするのは難しいと思っていて、実際にビジネスをやりながら、そこにいる人間たちでいかに変革させ、チャンスをものにできるかが事業の成功のあり方だと思うんです。

だから、起業するなら情熱があるうちに、早くやるべきです。早く始めて、早くつまずき、それでも折れずに粘り強く生き残って道を見出す。折れずに、しぶとくチャンスを見出すことが大事だと思います。

【第 2 候補】石綿圭さん

（商社勤務、Bond-BBT グローバルリーダーシップ MBA 2013 年 2 月修了）

――今の携わっているお仕事と、簡単な自己紹介をお願いします。

商社で戦略立案やその実行支援を中心とした業務に携わっています。これまでいくつかの業界での営業、及び企業買収と企業経営を経験した後、現在に至っています。

―― MBA 受講前はどのようなキャリアプランをお持ちでしたか？

経営者になりたいと思っていました。今の会社の出資先、全く別の会社、自分で立ち上げた事業など、選択肢はどれでもよく、チャンスが訪れるまでの期間は、自分が必要だと考えるスキルや経験を得る、というプランでした。

――では、MBA を検討したのは、どんなお考えからだったのですか？

３つありました。１つ目は、体系的に経営を勉強したかったことです。２つ目は、どうせ勉強するなら「MBA」というタイトルがもらえた方がよいと考えていたことです。３つ目は、国内でも MBA を取得できるところが増えてきて、MBA が commodity 化しつつあるように感じており、近い将来、MBA を持っていること、つまり経営を勉強していることは当たり前になるのではないか、だとすれば、早めに取得すべきだろう、と考えていました。

――そんな中、Bond-BBT グローバルリーダーシップ MBA への入学の決め手は何でしたか？

決め手は働きながら勉強できることでした。

当時、仕事で事業買収案件を担当しており、日々事業について、また戦略や組織について考えており、「経営を勉強するタイミングは今だ」と思っていた一方で、仕事が充実していたため、仕事は続けたい。そこで、働きながら勉強できることを前提とし、オンラインで学べる Bond-BBT と、夜間と週末で学べる通学型の大学院を選択肢として検討していましたが、出張や休日出勤も多かったことから通学は無理と判断し、時間も場所も選ばずに学習できる環境を持つ Bond-BBT グローバルリーダーシップ MBA への入学を決めました。

――受講当時は、企業経営陣として参画されていたようですが、その頃は日々学んだことをどのように活かしながら仕事をされていましたか？

入学を検討していた時期に担当していた買収案件が成功し、新会社を設立することになり、その新会社で仕事をする機会を得ました。「経営」と言えば聞こえはよいかもしれませんが、新会社名を考えるところからはじめ、経営会議や取締役会の設計と運営、顧客戦略や商品戦略の策定、設備投資計画の策定、基幹システム導入、人材育成計画、人事制度設計など、あらゆることをやりました。会社が動くための体制と仕組みを作りながら、並行して経営を勉強する、という幸運な機会に恵まれました。

Bond-BBT グローバルリーダーシップ MBA での日々の学びは、そんな仕事に対して「すべて活きた」と言えると思います。例えば、教科書やケースには「うちの会社でもこんなことあった」とか「これってウチの会社と全く一緒じゃないか」という事例が溢れ、また Air Campus 上では、答えがないままに自分の目の前にある、生々しく、且つ、フレッシュな事例を紹介しつつ、ディスカッションしたことも多かった。結果として多くのヒントや気づきが得られ、翌日はそれらを実行してみる、という毎日でした。きっと 24 時間 365 日学んでいたような状態だったと思います。

――経営にかかわっていると、前例がないことや、答えが見つからない事に直面されていたかと思います。そんなときはどのように克服されていましたか？

私の目の前には基本的に、前例も答えもない事態しかありませんでした。なぜなら、前例や答えがある案件は、私のところに持ち込まれない状況だったからです。私の仕事は、よくわからない事態を何とかする、今ないけれど必要なものを新たに考えて構築する、というものでした。そんなとき、①類似事例を探す、②議論を尽くす、③とにかく行動する、という 3 つの組合せで常に前に進んでいました。

①　類似事例を探す

自分の経験だけでなく、Air Campus で議論・共有された BOND の仲間経験や書籍やケースから読み解いたことも含む他人の経験から、使えそうな類似事例を探していました。類似事例から直接的な答えが得られることはないと思いますが、答えを得るためのヒントにはなっていたことは間違いないと思います。

②　議論を尽くす

色々な人の意見を聴き、議論することで、自分だけでは見えなかった突破口が見え、自分の仮説や解に自信が持てるようになりました。

③　とにかく行動する

答えが見つかったから動くのではなく、仮説の段階であっても行動開始し、動きながら新たにわかったことを踏まえて軌道修正する、というサイクルを繰り返していました。

――それらを実践して学んだことは、どんなことでしょうか？

大きく３つのことを学びました。

①　武器が必要であること

答えがない状況で戦うためには、知識や経験、頭の使い方・考え方、人脈などの「武器」が必要なこと。もちろん、「武器」を持っていれば答えが見つかるという訳ではないですが、武器を持つことで答えが見つかる、または答えに辿り着く時間が短縮されたり、確立が高まったりしたとは思います。

②　動きながら考えること

単に行動するのではなく、動きながら考えること。行動してみて初めて見えてくる景色があり、見えてきた景色から再び考えて、次の行動に移すこと。

③　諦めないこと

失敗しても当たり前。失敗は気にせずに、前に進めること、そして自分が納得できるまで粘って、現時点のベストと思えるところまでやり通すこと。

――今まで成果を残されてきた石綿さんですが、成果を残すための秘訣があるとすれば、どんなことだと考えますか？

成果を残してきたという意識がないので難しい質問ですが、秘訣があるとすれば、以下の３つだと思います。

①　自分の目で見ること

動きながら現場に出て、何が起こっているか自分の目で見ること。行動しなければ結果が出る可能性はゼロなので、行動することは必須ですが、何が起こっているか、どこに問題があるかを、現場の皆さんの感情を含めて体感するには自分の目で見ることがとても大事だったと思います。

②　仲間をつくること

様々な知識、経験、専門性を持つ仲間をつくることは重要と思います。お互いを高め合うことができ、信頼できる仲間がいると、物事に立ち向かう姿勢と意識が強化されると思います。また、仲間に相談したり、ディスカッションしたりすることで自分だけでは見えていなかったことが見えたことは間違いないと思います。

③　武器を磨き続けること

武器を持つことは重要ですが、単に持っているだけは足りない。常に磨き、高めることが必要だと思います。磨くことによって新たに見えてくる世界があると思います。

――では、率直に、Bond-BBT グローバルリーダーシップ MBA での学びや MBA は、それらに役立っていると思われますか？

仲間をつくること、武器を磨き続けることの重要性は Bond-BBT で体感したと思います。仲間をつくることに関しては、Bond-BBT グローバルリーダーシップ MBA でいくつも設定されている Air Campus でのディスカッションやグループワークにおいて、その重要性を体感しました。仲間との議論によって気づきと学びが得られること、他人の知識・経験から学ぶというプロセスを繰り返したことで、仲間をつくること、そして仲間と議論して、その議論から学ぶことの重要性に深く気づいたと思います。

また、武器を磨き続けることに関しては、経営に関する一通りの理論や考え方を学び、「知っている」状態になったことはスタートラインだということに改めて気づきました。武器の使い方を知り、うまく・効率よく使えるようになるために、武器は磨き続ける必要があると思いました。

その他の重要な学びは、「時間の使い方」でした。24 時間という限られた時間の中で、仕事をやりながら勉強時間を捻出するというのは意外と難しいものです。私の場合、比較的無茶なスケジュールで受講を進めたので、24 時間の有効活用についてはまさに死活問題でした。逆に、これを乗り切ったことによって、24時間の有効な使い方を体得できたと思います。

――MBAを修了して間もないですが、今後の展望をお聞かせください。

これまでよりも多少なりとも広く、深く、遠くまで考えるようになった結果、世の中にインパクトを与えるような仕事がやりたいと思っています。具体的な構想もあります。そのために、まずは確りと武器を磨く、まずは10年間、1万時間勉強を続けてみようと思っています。チャンスがあれば確実にものにできるように。なお、学習が習慣化したことも、Bond-BBTグローバルリーダーシップMBAでの最も重要な収穫の1つだと思っています。

【第3候補】柿沼岳史さん

（伊藤忠商事株式会社 勤務、Bond-BBTグローバルリーダーシップMBA 2012年7月修了）

――まず初めに、今の携わっているお仕事と、簡単な自己紹介をお願いいたします。

現在は商社で業務用食品流通に関する仕事をしています、課長職です。

商社は入社して最初は不動産開発業務、10年後に全くの異業種である食料に異動、外食関連SCM、ベンチャー企業出向、子会社（外食産業）社長、経営企画、内部統制等を経て、現状の業務を担当しています。また、学生時代は体育会ラグビー部に所属していました。なので、根っからの体育会系なので、頭でっかちでないストリートスマートに近い存在だと自負しています（笑）。

――MBA受講前はどのようなキャリアプランをお持ちでしたか？

国内外で経営職を務められる人材を目指していました、今も基本は同様です。33歳で不動産から食料に異動しましたので、その分野のスペシャリストにはかないません。しかし、経営職であれば30代後半からでも同じスタートラインで戦えると考えました。

――MBAを検討しはじめたのは、どんなお考えからだったのですか？

不動産から食料に異動したのは33歳でした、異業種で自分の成功体験が全く使えず、常識も使えず、当初はもがき苦しんでいました。そんな中、「MBAを学べば全てが解決出来るのではないか」と漠然と考え、MBAを検討開始しました。大学や会社の同期数名がMBAを海外で取得して帰国して来ており、刺激を受けたことも一つの要因でした。

――では、そんな中、Bond-BBTグローバルリーダーシップMBAへの入学の決め手は何でしたか？

国内外で戦えるようになること、大前さんから直接授業を受けられることが最大の決め手でした。

商社に勤務していますが、入社以来国内業務しか担当していませんでしたので、英語は苦手でした。しかし、商社では当然のように国内外で活躍出来ることが求められています。日本MBAでは海外で戦えるスキルがつかない、しかし、全て英語の授業は正直受けられる自信がない。そんな中、英語と日本語半々で授業を受けられるBondは私にとって最高の環境でした。

また、尊敬する大前研一氏から直接（Webを通じて）授業を受けられることも大きな魅力でした。大前さん自身が実務で世界と戦っていらっしゃること、そんな姿に少しでも近づきたい。他のどの講師よりも、大前さんが魅力的でした。

――英語は蕁麻疹が出るほど嫌いだったと伺いましたが、そこから英語でビジネスを学ぼうと思ったきっかけはなんでしょうか。

Bondを受けるための最大の障害は英語でした。しかし、「自分は海外MBAに挑戦したい」という単純な目標を立て、そこに向けて地道に英語を勉強した結果、Bondを卒業することが出来ました。

「単語を覚える」「TOEIC練習問題を解く」「TOEICを受ける」「英会話に通う」を行っただけです。もちろん、苦しんだこともたくさんありました。しかし、友人からのアドバイスを忘れることなく、チャレンジを続けました。

「英語が苦手だったら勉強しなよ、英語を勉強して下手になった人はいないから。勉強すれば必ずうまくなるよ、上達するよ。」

この言葉通りだと確信しています。

――BONDの最大の特長として、仕事をやりながら学習出来ることだと思います。

両立は当然大変なことだとは思いますが、仕事をやりながら学習することで日々学んだことを活かせたといったエピソードはありますか？

学んだことを即実践出来る、トライ出来ることが仕事と学習の両立で一番のメリットであり大切なことです。

経営戦略の講義で毎週必ず行わなくてはならないRTOCS（リアルタイムオンラインケーススタディ）は、まさに実践そのものでした。業界分析、企業分析の手法、課題設定の考え方、解決方法の具体例は生きたビジネスの教科書です。実際、自分の業界が取り上げられたこともあり、資料はチーム内で使用したこともありました。

――過去にも経営に携わり結果を残し、英語も克服、様々なことを達成してきた柿沼さんですが、常に成果を残すための秘訣があるとすれば、どんなことだと考えますか？

私は常に成果を残してきたとは思っていません。失敗や、やり残したこともたくさんありました。しかし、心がけてきたことは「目標を決め、今の自分に出来ることを精一杯やること、自分の力を100%使い切ること」です。

人間は誰しも万能ではありません、力と時間は限られています。その中で自分がベストを尽くして出来れば良いですし、出来なければ自分の力がそこまでしかなかったと思うしかないのです。自分が大切と思うことの優先順位を高くし、そこに時間と労力をかける。逆に、優先順位が低いことには出来る限り時間を使わない。そして、ベストを尽くすこと。あとは結果を素直に受け入れ、次のチャレンジに繋げること、これを一生続けて行くことが大切だと考えています。

――そういったことは、Bond-BBT グローバルリーダーシップ MBA での学びましたか？

Bond では「限られた時間の中でベストを尽くすこと」を改めて学びました。社会人では時間が無制限にあるということはありません。仕事、個人、家族、社会等常に限られた時間の中で行う必要があります。Bond では難しい課題であっても、限られた時間の中でベストを尽くすことを体験することが出来ました。私は英語が苦手ですので、単位を落としたこともありました。しかし、それもベストを尽くした結果でした、そして、失敗したらまたチャレンジすれば良いのです。

今後は、Bond で学んだ経営戦略、ネゴシエーション、マネジメントコントロールシステム等をビジネスはもちろん、自らのキャリア構築にも応用していきたいと思っています。

―― MBA を取得した今、今後の展望をお聞かせください。

MBA で学んだことの練習を続け、もう一度経営者に挑戦することが今の目標です。MBA は取ることが目的ではなく、取ってからいかにそれを使い、ビジネスや社会に貢献するかが大切です。すぐにチャンスは無くとも、日々の仕事で練習を続け、技に磨きをかけ、チャンスが来たら即暴れるようになりたいと思っています。

（BOND-BBT MBA 事務局　米田昌悟）

【コラム】Bond-BBT グローバルリーダーシップ MBA プログラムディレクター（Ray Gordon 氏）コメント

（◎関連映像：「Bond-BBT グローバルリーダーシップ MBA プログラムディレクター コメント」）

1）Bond 大学について

Bond 大学は比較的小さな大学であり、私立の非営利団体となります。学生に多くの経験を提供するために、大規模な大学のように 5000 人を超えるよう大学に成長しないことをコミットしています。つまり、学生はどんな時でも直接教授と関わることができるのです。Bond 大学では、学生に素晴らしい経験を提供することを約束していることが大きな特長です。

さらに、Bond 大学はゴールドコーストに位置しています。多くの日本人の方がご存知のように、ここはとても素晴らしい場所です。私の後ろに見えるように、Bond 大学は優れた設備が整っています。そしてもちろん、私たちには卓越した技術による学習プラットフォームがあります。

2）Bond 大学ビジネス学部について

ビジネス学部では、“これからのビジネスリーダーを一人一人育成する”ことをミッションとしています。その基礎となる 3 つの柱があります。

それらは、グローバルビジネス、リーダーシップ、起業家精神です。

私たちの学部は、8 割近くが PhD を取得している教授陣で構成されています。それだけに限らず、多くの実務家もいます。教授陣は、全世界から来ており、オーストラリアを始めとして、イギリス、アメリカ、そしてアジアの教授陣から学ぶことができます。

3）Bond-BBT グローバルリーダーシップ　MBA

当プログラムは、12 年以上に渡り運営されています。オーストラリアにおいて多くの賞を受賞し、特に教育の革命において、大きな成功を収めてきています。

当プログラムは、ハイブリットなプログラムです。私たちは、オンライン上での授業だけでなく、実際にオーストラリアのキャンパスに訪問していただく、リアルで受講する授業も提供しています。つまり、学生には実際のキャンパスライフを体験していただく貴重な機会を提供します。異なる文化ともリアルに関わっていただくことで、グローバルリーダーを育成するのです。

さらに、このプログラムでは卒業科目を用意しています。プログラムの最終段階において、今まで学んだことが、全てレビューされる科目を受講していただきます。

実施する理由は、私たちの価値観や目標が達成できたかどうか確認するためです。つまり卒業の際に、学生が期待される学習効果やスキルを得たかどうか確かめるのです。

4）学生に期待すること

入学すると、日本語と英語で学んでいただく貴重な機会を得ていただきます。

更に重要なことに、新しい教育手法にも触れていただきます。

オーストラリアやヨーロッパで提供される教育は多少日本のものとは大きく異なります。そもそも、文化も異なりますし、大きく異なった教育手法を持っています。これは皆さんにとって大変いいことだと思います。特に、グローバルリーダーになるためには様々な文化と触れ合うことはいいことです。

したがって、入学されると様々なことが期待されるようになります。特に、学ぶ方法においてです。ダイナミックでコラボレティブな学習環境で学んでいただきます。

オンラインの教室、リアルの教室に関係なく、学生は教授陣や他学生と積極的に関わっていただけます。ただ知識が与えられるのを待っていてはダメです。

私たちは"どのようにして学ぶか"について教えることに焦点を当てます。きっと再学習する方法を学習することが最も重要だと思うからです。

つまり、我々はどのような知識を求めるのか、そして革新的になる方法をお教えします。プログラムは簡単ではありません。我々は、単にあなたに学位を与えることはしません。きっと当プログラムの MBA を取得する過程において、多くの苦しみを伴う事になるでしょう。ただ、これだけは約束できます。

あなたがこのプログラムを修了したときには、きっと別人になっていることでしょう。

第3章

問題解決思考への
「挑戦」
＜大前研一の発信から学ぶ＞

∴＜原発・エネルギー問題＞∴

1. 新政権はロシアと電力輸入などの経済協力を進めよ

（◎大前ライブ 660：2012/11/25、同 681：2013/5/5）

日本とロシアの両政府は先ごろ、極東地域でのエネルギーや農業、インフラ開発で関係を強化することで合意した。日本はロシアからパイプラインで天然ガスを引くだけでなく、ロシアで発電した電力を直接購入すべきだ。

（1）日ロがじっくりと話し合う好機

日本は、ロシアとの経済関係強化は北方領土問題が解決してからだ、という態度をとってきた。日ロ間には平和条約もないのだが、外務省は「北方領土 かえる日 平和の日」と呪文を唱えて今日まで引き延ばしてきた。ビジネスマンにとっては信じられないくらい面倒くさいビザの取得をお互いに意地悪しているとしか思えないほど難しくしている。

しかし過去 67 年間、北方四島を実効支配してきたのはロシアで、このまま行けば次の 67 年間も膠着状態のままだろう。つまり日本側が交渉のテーブルについてコマを一つ進めなければ、前には進まないのだ。

さいわい、3.11 の後にはエネルギー問題が国家の緊急課題として浮かび上がってきたし、ロシア側でも極東シベリア開発が重要な政治課題に浮き上がってきた。お互いにじっくりと話し合う好機が到来したと言える。

日ロ両政府は 11 月 20 日、貿易経済に関する日ロ政府間委員会を外務省で開いた。両政府は、ロシアが重視する極東地域のエネルギーや農業、インフラ開発で協力する方針で合意した。日本は経済関係を強化することにより、北方領土問題の交渉を進めたい考えで、ロシアは資源分野に偏った経済構造の転換や、極東で高まる中国依存からの脱却を進める考えだ。

（2）極東地域での中国依存にロシアが危機感

現在、ロシアの極東地域では、中国が存在感を強めている。特に天然ガスなどの資源を多く買っている。またヒトについても、中国の黒竜江省などからロシアの極東地域へ、大量の労働者が出稼ぎに行っている。

ロシアはこの中国依存に危機感を強めており、このバランスを変えようとしている。そこでロシア政府は、日ロ関係を重視し、極東地域へ日本を呼び込もうとしているわけだ。

今回の日ロ政府間委員会では、ロシア側から外務、運輸などの各省次官級やカムチャツカ州の地方知事など 80 人が来日した。相当、気合いを入れていることがわかる。

合意した内容については、後掲の「日ロ政府間委員会の覚書骨子」を見ていただきたい。

まず、極東・シベリア地域において、エネルギー、農業、インフラ、運輸分野の共同プロジェクト実現に協力していくことで日ロ両政府の見解が一致している。

個別の分野については、医療においてロシアは日本企業の進出を

日ロ政府間委員会の覚書骨子

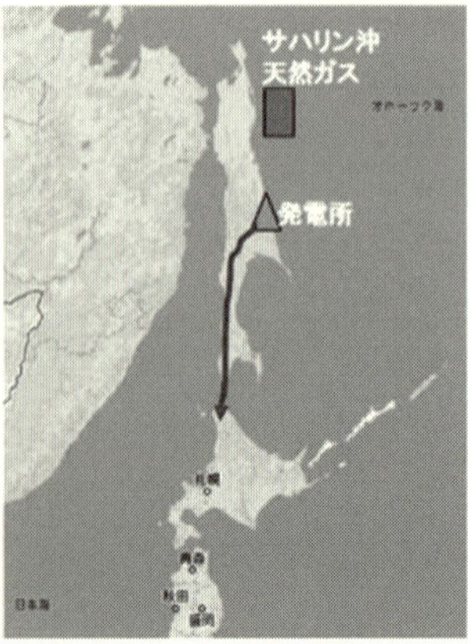

（ロシアから日本への電力輸出構想イメージ）

■極東・シベリア地域での協力
・エネルギー、農業、インフラ、運輸分野の共同プロジェクト実現に協力
■医療
・日本企業の進出を歓迎
・ハイテク医療機器、医薬品普及支援を強化
■エネルギー
・石油、天然ガスの対日供給は互恵的な条件で実施すべきとの認識で一致
・日本企業の「サハリン3」プロジェクト参画にロシア側が留意
■都市環境
・交通渋滞解消などインフラ整備を協議する作業部会を設置

資料：日本経済新聞 2012/11/19、21、Google Map　　© BBT総合研究所

歓迎する意向だ。ハイテク医療機器、医薬品普及支援も強化される。また、都市環境においても、交通渋滞解消などインフラ整備を協議する作業部会が設置されることとなった。

（3）ロシアの焦りを利用し、有利な条件で天然ガスの調達を

日本にとって喫緊の課題であるエネルギー問題でも進展があった。石油・天然ガスの対日供給は互恵的な条件で実施すべきとの認識で日ロ両政府が一致。「サハリン3」プロジェクト（サハリン北部沖の区域における石油・天然ガス開発事業）への日本企業の参画に対し、ロシア側が配慮する姿勢も見られた。

「サハリン3」プロジェクトに象徴されるように、従来、日本側から見た日ロ経済関係と言えば、天然ガスを調達することが主な目的とされてきた。その際は、パイプラインの建設が大きなテーマと

なる。天然ガスをわざわざ液化してタンカーで運び、日本でまた天然ガスに戻すのは効率が悪い。

そこで、サハリンから北海道（あるいはウラジオストクから新潟あたり）までパイプラインを引いて、天然ガスをそのまま送り届ける必要がある。ロシアはヨーロッパ向けのパイプラインを何本も持っているし、最近着工された黒海を通る南ルートは2兆円のプロジェクトと言われているが、ロシアが全額負担している。いずれも数千キロの長さだ。

ウラジオストクと新潟の距離が800キロと言われているので、決して遠くはない。サハリンからガスのまま北海道の石狩湾から内浦湾（噴火湾）へ抜けて太平洋を南下させ、茨城県鹿嶋市あたりにパイプラインを引いても1000キロくらいで決して驚くような長さではない。

ロシアにはガスプロムという世界最大の天然ガス企業があるが、アメリカのシェールガス開発によって、ガスの値段が下がり経営的に打撃を受けている。また、ガスプロムの顧客はほとんどがヨーロッパ勢であり、アジア市場に弱いという事情も抱えている。

こうした焦りがロシアにはあるので、それをうまく利用して、日本はなるべく有利な条件で天然ガスの調達を進めていくべきだろう。

いずれにせよ、多くの原発が停止し火力発電への依存度を高めている日本に天然ガスを売りたいロシアと、安定的な天然ガスを廉価に調達したい日本の利害はかなり一致していると言える。

（4）サハリンから電力を持ち込む技術はすでにある

もちろんパイプライン建設は重要なテーマだが、それ以上に今回合意した覚書で注目すべきことがあった。

それは、ロシアから電力を直接購入する構想が検討されたことである。実はこの構想は、以前から私が民主党の有力議員に対して強く提案してきた内容と一致する。

具体的には、サハリンで発電した電力を、電力損失の少ない超高圧直流送電で北海道の稚内まで送る。サハリンの南端から稚内までの宗谷海峡は40キロしかないので、すぐにケーブルを通すことができる。北海道と本州の津軽海峡にはすでに高圧直流送電網が通っているので東日本の電力不足はこれにより解消することができる。

場合によっては北海道だけではなく、上述のパイプラインのルートで鹿嶋あたりまで1000キロの超高圧直流送電線を引いてもよい。中国で最近完成した四川省宜賓市（Yibin、イービン）から上海までの高圧直流送電線は2000キロであるが、これを敷設したスイスのABB社へのヒアリングでは電源ロスは7％に過ぎない、ということである。

これは札幌から沖縄までに匹敵する距離で、サハリンでもウラジオストクでも日本に電力を持ち込めば経済的に十分にペイする技術が実はすでに世界にはある、ということである。

（5）平和条約締結も視野に入れた広範囲な話し合いを

日本では火力発電所を建設するのに、厳しい環境アセスメントなどが必要なので4～5年はかかるが、ロシアなら比較的早く発電所ができあがるだろうし、付加価値をつけて輸出することになるのでロシアにとってもメリットがあるだろう。

発電所そのものは日本の資本で建設してもいいし、ロシアが金を払って日本企業が建設してもよい。サハリンから電力を日本が輸入する、というのが今後のエネルギー政策として非常に重要になってくる。

使用済み核燃料の永久保存地に関しても日本は国内に受け入れ先がない。極東ロシアのツンドラ地帯を借りて使わせてもらえば「トイレのないマンション」と言われた日本の原発の燃料サイクル問題にも光明が射す。

エネルギー問題で苦しんでいる日本をロシアが真摯に助けてくれるのかどうか、久し振りにロシアとのきめの細かな話し合いができた。お互いにメリットが大きいということが確認されたので、ロシアとの平和条約締結も視野に入れた広範な話し合いを新内閣の初仕事として期待したい。

（nikkei BP net 2012 年 12 月 5 日掲載分 http://www.nikkeibp.co.jp/article/column/20090409/145180/ 日経 BP 社）

◆エアキャンパス（AC）発言より

Forum: BBT 大学［講義］：クラス C（FA12）～ 4/30 まで
Title: #660 日ロ関係、極東開発協力で合意
Sender: 斎藤喜寛（FA122）
Date: 2012/11/26（月）18:35

11 月 20 日、東京において日露政府間委員会第１０回会合が開催されました。

貿易経済に関する日露政府間委員会第 10 回会合に関する覚書
http://www.mofa.go.jp/mofaj/press/release/24/11/pdfs/20121120_05_01.pdf

医療やハイテク工業分野などについても協議される中で、１番注目したのは学長も取り上げていたエネルギー分野です。
ここでのディスカッションでも多く取り上げられている、原発、エネルギー問題のみならず、関係強化による領土問題への良い影響をも期待したいです。
ロシアのある種の歩み寄りが、シェールガスの脅威を感じている事から、、、と言うあたり、世界経済が常につながり、影響しあっている事を再確認させられもします。
シェールガスでは日本は直接的には恩恵はないと思っていましたが、意外に間接的なところから恩恵を受けるのかもしれません。
エネルギー分野においての関係強化確認

＜ガス＞
サハリンプロジェクト３への日本企業参加に関心
サハリンプロジェクトの現状
http://www.pref.hokkaido.lg.jp/kz/ksk/russia/russia/r-spro/project/outline/index.htm

＜石油＞
資源エネルギー庁と「ロスネフチ」社に対し，日本企業と「ロスネフチ」

社との間の協力の進展に応じて最大限有益な形で共同調整委員会第二回会合を実施するよう提案した。日本側は本提案への支持を表明

サハリン大陸棚石油・天然ガス開発プロジェクト位置図

http://www.pref.hokkaido.lg.jp/kz/ksk/Rossia/s-promap2012-.pdf

＜電力＞

ロシア側は，輸出を含め，極東における追加的な発電所及び必要なインフラの創設に関する日本企業との協力に関心。

日本の「伊藤忠」，「三菱重工業」及び「東洋エンジニアリング」とロシアの「エヴロシブエネルゴ」社とのニジェゴロド州のアフトザヴォツカヤ熱併給発電所の近代化プロジェクト実現に関する協力を歓迎

＜石炭＞

ロシアの「メチェル」社，「ＳＵＥＫ」社，「サハリン・ウーゴリ」社及び「クズバスラズレズウーゴリ」社による石炭製品の日本への供給の実施を歓迎

＜エネルギー効率性及び再生可能エネルギー＞

エネルギー効率性，省エネルギー及び再生可能エネルギーの分野における協力の進展を肯定的に評価し，コジェネレーション技術，スマートグリッドの導入及びスマート・シティの建設をはじめとする日本の技術のロシアへの導入の将来性を指摘

＜原子力の平和的利用＞

原子力の平和的利用における協力のための日本国政府とロシア連邦政府との間の協定の発効を歓迎

今日、学長の記事を見ました。これも平和的利用でしょうか、、、、

アメリカの原子炉で使われるロシアの核弾頭

http://president.jp/articles/-/7585

（quote）　ロシアには未だに核弾頭が約 3900 発も残っているといわれるが、その中に眠っているウランとプルトニウムをもう一度溶かし、MOX 燃料に作り直して原発で使えばよいのである。

実際、アメリカでは総発電量の約 20％が原子力だが、そのうちの

20％、すなわち全体の４％はロシアの核弾頭から転用した燃料を燃やしている。

アメリカは別に核燃料がなくて困っているわけではなく、これこそまさに「平和の配当」ということで、あえてそうしているのである。（出典：「民の見えざる手」小学館）

［2012/11/26（Mon） 斎藤喜寛］

＊　　＊　　＊

Forum: BBT大学［講義］：クラスC（FA12）～4/30まで
Title: RE:#660 日ロ関係　極東開発協力で合意
Sender: Y.T.（FA120）
Date: 2012/11/27（火）05:11

> ここでのディスカッションでも多く取り上げられている、原発、エネルギー問題のみならず、関係強化による領土問題への良い影響をも期待したいです。
> ロシアのある種の歩み寄りが、シェールガスの脅威を感じている事から、、、と言うあたり、世界経済が常につながり、影響しあっている事を再確認させられもします。

私も似たようなことを考えさせられました

学長のお話を聞いていると、何事も「タイミング」が大切ではないかと…。

ロシアが、アメリカのシェールガスによる打撃を受け、焦りを感じている今だからこそ、日本にとっても、有利にロシアと密接な関係を築けるチャンスであること、また、密接な関係も「GIVE & TAKE」により、これまで抱えていた問題解決（北方領土問題）にも繋がること。

学長のお話を聞いていてつくづく感じることは、国内の政治においても、外交問題においても常に「双方における得策」に軸足が置かれているのではないかということです。

中国との関係悪化が深刻化した中、ロシアと有効な関係を築けるといいですね。

［2012/11/26（Mon） Y.T.］

＊　　＊　　＊

Forum: BBT 大学［講義］：クラス C （FA12）～4/30 まで
Title: RE^2:#660 日ロ関係　極東開発協力で合意
Sender: 鈴木恵子（FA120）
Date: 2012/11/28（水）21:42

> 学長のお話を聞いていてつくづく感じることは、国内の政治においても、外交問題においても常に「双方における得策」に軸足が置かれているのではないかということです。

> 中国との関係悪化が深刻化した中、ロシアと有効な関係を築けるといいですね。

この言葉「双方における得策」いいですね。
私もそのように感じます。とてもリベラルで人や物事に愛情を感じます。

［2012/11/28（Wed）鈴木恵子］

＊　　＊　　＊

Forum: BBT 大学［講義］：クラス C （FA12）～4/30 まで
Title: RE^3:#660 日ロ関係　極東開発協力で合意
Sender: Y.T.（FA120）
Date: 2012/11/30（金）23:30

学長の「ビジネス力の磨き方」第３章「影響力を磨け」を読み進めていると学長の立ち位置が、明確になります。

国内外において、どんなに大きな圧力（政治力や国家の権力を握る強者）がかかったとしても、ご自身の信念を曲げず、一貫とした体制を貫いていらっしゃる。

その「体制」のあり方は、「思考の型」に当てはめ徹底して考え抜かれた「解決法」97 ページに、学長の「“双方”にとっての解決法……」が具体例として窺えます。

世界に大きな影響力を与えられる大前学長の教えの元学べることあらためて、有り難いことと実感します。

［2012/11/30（Fri）Y.T.］

Forum: BBT大学院［現代の経営戦略（UF11）］［13/05］テーマ別：
『シェール革命で米国経済は復活するのか？』
Title: RE^2:【課題2】ロシアとの外交をつよめていく。
Sender: 南　友和（UF11）
Date: 2013/05/28（火）22:53

> ロシアと平和条約が結ばれると日本海側が元気になるのではないでしょうか。

> 小樽、新潟、舞鶴など戦前戦中の港町が息を吹き返すといいと思います。

ロシアとの関係が良好になれば、ロシア関係は北側にシフトして、北日本の経済力の基盤になるかもしれませんね。
今後道州制がすすんでも、東北や北陸は産業に乏しいですから、そういった面での効果はありそうです。

［2013/5/28（Tue）南　友和］

＊　＊　＊

Forum: BBT大学院［現代の経営戦略（UF11）］［13/05］テーマ別：
『シェール革命で米国経済は復活するのか？』
Title: RE^3:【課題2】ロシアとの外交をつよめていく。
Sender: 山口恭史（UF11）
Date: 2013/05/31（金）16:07

> 今後道州制がすすんでも、東北や北陸は産業に乏しいですから、そういった面での効果はありそうです。

東北、北陸の産業育成は必要ですね。
シェールガスで化学プラントがアメリカに進出したりして活況となるように、安価な天然ガスがパイプラインで供給され、その拠点が東北、北陸になれば、化学プラントができるという可能性はあると思います。

［2013/5/31（Fri）山口恭史］

＊　＊　＊

Forum: BBT 大学院［現代の経営戦略（UF11）］［13/05］テーマ別：
『シェール革命で米国経済は復活するのか ?』
Title: RE:【課題 2】ロシアとの外交をつよめていく。
Sender: 高野忠夫　（UF11）
Date: 2013/05/19（日）18:13

> ロシアは米国のシェールガス革命に対抗すしている状況にある。
> シェールガス革命によって欧州市場が縮小してガスが輸出しにくくなった今、ロシアはアジアにガス市場を求めている。

米国が日本に対してシェールガス輸出を解禁しましたね。
これにロシアの天然ガスが加われば、日本にとっては複数のルートが確保でき、価格交渉も可能になると思われます。
ロシアとの交渉を進めるタイミンは今でしょうね。

シェールガス、17 年にも日本へ　米政府が輸出解禁
2013/5/18 日本経済新聞
http://www.nikkei.com/article/DGXNASGN1701L_X10C13A5000000/

［2013/5/19（Sun）高野忠夫］

＊　＊　＊

Forum: BBT 大学院［現代の経営戦略（UF11）］［13/05］テーマ別：
『シェール革命で米国経済は復活するのか ?』
Title: RE:【課題 2】ロシアとの外交をつよめていく。
Sender: 南　友和（UF11）
Date: 2013/05/28（火）22:59

> 日露平和協定を結ぶため方向を加速させるべきだと思います。
> そのためにも北方領土問題についても面積等分で合意して、サハリンを中心としたガスを日本と結びつけることが大事だと思います。

平和協定が先か、経済協力が先かと考えると、どちらでもいいのですが、個人的には、これら二つから日露が近づけば、安全保障上、日本の背中の脅威が減るので、その分の各種資源を南西域に振り分けられるというメリットがあると思います。

たかが資源外交ですが、それが生み出す利益は多方面に亘ると考えます。

［2013/5/28（Tue）南　友和］

＊　＊　＊

Forum: BBT大学院［現代の経営戦略（UF11）］［13/05］テーマ別：『シェール革命で米国経済は復活するのか？』
Title: RE^2:【課題2】ロシアとの外交をつよめていく。
Sender: 山口恭史（UF11）
Date: 2013/05/31（金）16:12

> 平和協定が先か、経済協力が先かと考えると、どちらでもいいのですが、個人的には、これら二つから日露が近づけば、安全保障上、日本の背中の脅威が減るので、その分の各種資源を南西域に振り分けられるというメリットがあると思います。

なるほど、このようなメリットはありますね。

経済交流が盛んになり、ビジネスとして重要な相手となればお互い喧嘩はできません。

自衛隊の北海道、東北への比重を軽くできれば、現状予算内の配分を変えることでシフト可能ですね。

［2013/5/31（Fri）山口恭史］

∴＜原発・エネルギー問題＞∴

2. 国家的危機にある日本は、再生可能エネルギー政策を改め、石炭火力を見直せ

（◎大前ライブ 674：2013/3/7）

再生可能エネルギー政策の見直しが進んでいる。液化天然ガス（LNG）や石油の価格が高止まりする中、現実的なエネルギー政策を追求しなければならない。石炭火力は有力な解答の一つである。

（1）太陽光発電の買い取り価格がようやく１割下げへ

政府が、太陽光発電の急拡大を支えてきた再生可能エネルギーの価格政策の見直しを進めている。経済産業省は 3 月 11 日、太陽光発電による電力の買い取り価格を、2013 年度からおよそ 1 割引き下げる方針を固めた。

再生可能エネルギーの固定買取価格制度は、2012 年 7 月 1 日からスタートした。当初の設定は、次のようなものとなっていた。「再生可能エネルギーの主な固定買取価格」をご覧いただきたい。

太陽光発電については、10kW 未満は 10 年間、10kW 以上は 20 年間を買い取り期間とし、1kWh 当たり 42 円の買い取り価格となっている。太陽光以外にも、風力、水力、地熱、バイオマスについて固定買取価格が設定されたが、いずれも非常に高い。

再生可能エネルギーの主な固定買取価格
（2012年度）

	太陽光	風力	水力	地熱	バイオマス
買取価格	42円	・57.5円（20kw未満） ・23.1円（20kw以上）	・35.7円（200kw未満） ・30.45円（200～1000kw未満）	・42円（1.5万kw未満） ・27.3円（1.5万kw以上）	・13.65円（リサイクル木材燃焼） ・17.85円（木質以外廃棄物）
買取期間	・10年間（10kw未満） ・20年間（10kw以上）	20年間	20年間	15年間	20年間

資料:資源エネルギー庁　　© BBT総合研究所

もし、このまま20年間、固定買取価格制度が続けば、非常に歪んだエネルギーミックスになる可能性が高かった。

私はこの固定買取価格制度にはじめから反対し、また法案となってからは一刻も早く見直すべきだと訴えてきたが、ようやく自民党政権になって見直されることになった。今後新たに設置する太陽光発電については、買い取り価格を1割引き下げるというのが今回の方針だ。

（2）ドイツやスペインでも引き下げが進む

しかし、買い取り価格を1割引き下げても約38円だから、まだまだ高い水準と言える。下の「ドイツ・スペインの再生可能エネルギーの買い取り価格」を見てもらおう。

ドイツも太陽光発電の買い取り期間は20年間だが、買い取り価

ドイツ・スペインの再生可能エネルギーの買い取り価格

	買取期間	太陽光（屋根用）	太陽光（その他）	風力	水力	地熱	バイオマス
ドイツ	20年	32.2～42.9円	31.5～33.0円	11.8円（洋上：19.5円）	9.9～16.5円（5千kW以下）	13.5～20.6円	7.9～29.2円（万kW以下）※種類で異なる
スペイン	25年（太陽光、水力）20年（風力、地熱）15年（その他）	38.4～43.0円（2千W以下）	34.5円（1万kW以下）	10.2円（5万kW以下）	10.8円（1万kW以下）	9.5円（5万kW以下）	7.4～22.1円（5万kW以下）

注：2010年稼働設備での価格。スペインの太陽光は2010年の第3四半期の募集価格。
諸条件の相違で上記金額が適用されないケースもある

資料：『再生可能エネルギーの全量買取制度について』経済産業省　© BBT総合研究所

格は32.2～42.9円（屋根用）、31.5～33.0円（その他）と幅がある。一方、スペインの買い取り期間は25年間で、買い取り価格は38.4～43.0円（2000W以下）、34.5円（1万kW以下）となっている。

両国とも、高く設定した買い取り価格が再生可能エネルギーを推進した効果は認めながらも、最終ユーザーへの負担が大きいことから見直しを何回か試みている。

買い取り価格を設定した民主党政権は、一部の業界の人たちに煽られて、異常に高い数値にしてしまった。その結果、高い買い取り価格を目当てに太陽光発電への参入が殺到し、すでに今年の3月末までに予定していた枠をオーバーしている状況だ。政策をつくる時にこうした事態を予測しておくべきだった。

（3）今後注目されるのは低コストの石炭火力

このように、再生可能エネルギーの高コスト構造が問題となっている一方で、火力発電に使うLNGや石油の価格も依然として高止まっている。LNGのスポット価格は、東日本大震災の前に比べて9割も上昇している。

日本は世界のLNGの40％を占める世界最大のLNG消費国である。原発が相次ぎ停止したので、さらにその購買を加速しており、価格の高止まりの一因となっている。

世界的には、天然ガスはパイプラインで産地から消費地まで送られるので、そのコストはLNGの半分程度である。最近では米国でシェールガスの本格的な商業生産が進んだおかげで、価格は100万BTU（英国熱量単位）当たり3ドルくらいになり、日本の5分の1となっている。

政府は4月までに夏の電力需給を検証し、数値目標や計画停電の必要性を詰める方針だが、原発の新安全基準の施行は7月のため、再稼働は夏に間に合わない見通しだ。

原発が動かず、LNG火力や石油火力はコストが高止まりで、再生可能エネルギーもコスト面などからまだまだ実用的でないとすると、今後は石炭火力が有力になってくる。

「電源別の発電コスト」を見てもらおう。

実は、石炭火力というのは発電コストで見ると原子力に匹敵するほど安い。1kWh当たりの発電コストは、原子力が8.9円であるのに対し、石炭火力は9.5円である。一方、LNG火力は10.7円、石油火力は36円となっている。

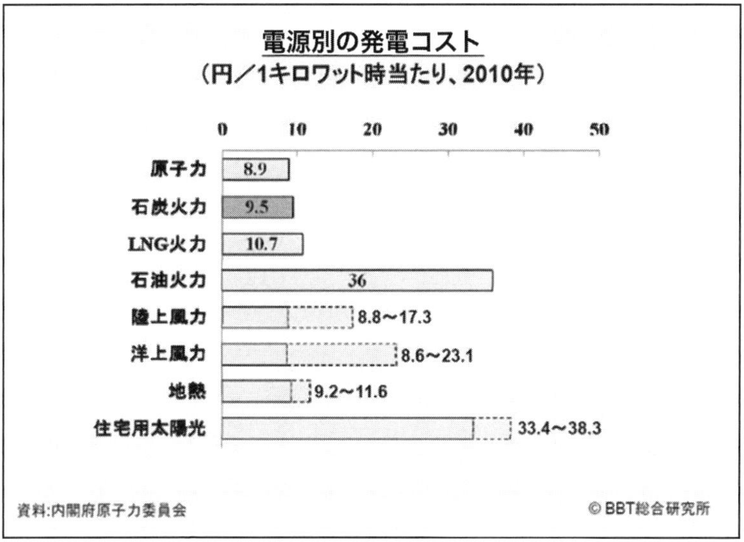

（4）韓国、米国、ドイツは４割以上が石炭火力

では、なぜ石炭火力があまり使われていないのかというと、CO2（二酸化酸素）排出量が問題視されてきたからだ。しかし、最先端の技術を使えば、石炭火力における CO2 排出量を少なくできるようになっている。CO2 ガスを固体にして地下に埋設するとか、カルシウムなどと反応させて炭酸カルシウムとして補捉する、といったことが試みられている。

いろいろな技術を組み合わせることでコストの安い石炭をかなりクリーンなエネルギーとして使うことができるようになってきているのだ。

日本はモクモクと煙を出していたころの蒸気機関車（SL）や発電所のイメージから、石炭火力に対するアレルギーが非常に強いけれ

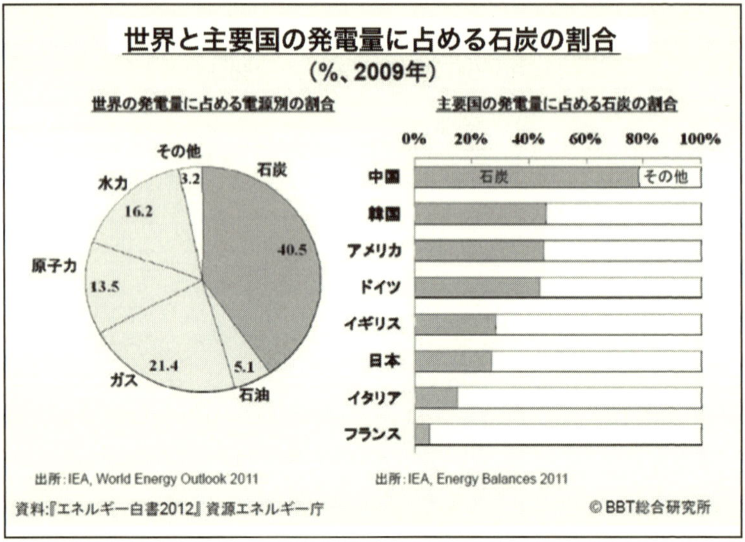

ども、海外を見ると、今でも石炭火力は多く使われている。「世界と主要国の発電量に占める石炭の割合」を掲げた。

世界の発電量に占める石炭火力の割合は 40.5%であり、電源別に見て最も多い発電となっている。

一方、主要国の発電量に占める石炭の割合を見ると、中国では約 8 割となっている。この一部が古い技術のもので微小粒子状物質「PM2.5」などの公害発生の元凶となっているが、韓国、米国、ドイツでも 4 割以上が石炭火力なのに大きな社会問題とはなっていない。日本の石炭火力は 2 割強でしかなく、非常に低い水準と言える。

（5）米国のシェールガス革命が起こす「世界の玉突き現象」

原発事故に伴う電力不足を契機に、日本でも石炭火力を再評価する動きが出ており、昨年 11 月には東京電力が石炭火力発電所の建設を発表した。これについては環境省がCO2問題の観点から反対していたが、自民党政権が割って入り環境省に承諾させている。3月19日には、関係閣僚会議で石炭火力を推進する方針を打ち出した。

米国のシェールガスの価格低下はまさに「革命」とも言うべきものである。安倍晋三首相が今年2月に訪米した時に、オバマ大統領にシェールガスをLNG化して日本にも輸出してくれ、と依頼している。米国の相場から見て、いまカタールなどから原油価格にリンクして買っている値段の半分くらいになると見込まれるので、これはぜひ進めてもらいたい。

欧州は、シェールガスの価格下落により米国で売れなくなった石炭を大量に輸入し、パイプラインの供給元であるロシアに揺さぶりをかけている。つまり、世界的には米国におけるエネルギー価格の下落が玉突き現象を起こしているのである。

（6）エネルギー問題は実現可能なプランが重要

パイプラインを持たず、LNGを原油価格にリンクして長期契約を結んでいる日本は特別に不利な状況に陥っている、という認識を持たなくてはいけない。

その日本で産油国に対する抑止力となる予定であった原子炉がほぼ「全面停止」というのが、いかに国家的危機であるかを認識する必要がある。

民主党に比べると、石炭火力に舵を切った自民党はかなり現実的な答えを出してきているように思う。エネルギー問題については、絵空事ではなく、実現可能なプランを追求していくことが重要となる。

（nikkei BP net 2013年3月29日掲載分　http://www.nikkeibp.co.jp/article/column/20090409/1451801/ 日経BP社）

［向研会］2013年2月22日

☆関連映像：「大前研一が語る日本のエネルギー問題」Youtube

http://www.youtube.com/watch?v=OYrIe5oAGOO

（資料 ©BBT総合研究所）

＊語られている内容（要旨 一部）

・日本のエネルギー・電力需給環境は、原発が停止した状態では電力不足、電力コスト高が解消されず、放置しておくと、産業の空洞化を加速させることになる。

・エネルギー政策は、高度な専門知識を要求され、なおかつ長期的な戦略が必要な分野で十分な情報を与えずに、国民にエネルギー政策を問うことは、間違いである。

・原子力政策については、まず福島第一原発事故の解明がなされなければならない。

・電気事業・電力システムは、四つの基本組織体に再編することで、潤沢な電力供給、低コスト、CO2削減を実現することが、可能となる。

・エネルギー問題の解決方法は、１．原子炉再稼働、２．徹底した節電、３．第三の選択肢（燃料電池、サハリンからの送電）、、。

・日本企業にとっては、省エネ家電、スマートハウス、地熱発電、原発、太陽光＋蓄電池などに、、。

◆エアキャンパス（AC）発言より

Forum: BBT大学［講義］：クラスC（FA12）～4/30まで
Title: #325
Sender: 谷口恭子（FA120）
Date: 2013/04/14（日）16:10

主に米国でシェールオイルやシェールガスが経済性のあるコストで採掘出来る様になったことが、何故、革命、とまで呼ばれるのか分かりました。

その影響が、アメリカだけの経済、産業だけに留まらず、海外にも波及し、今後の世界情勢や地政学にまで及ぶとのこと。

非常に面白いテーマです。以下にサマライズしてみました。

＜米国＞
・採掘地域での雇用創出（シェールガスに至っては正解の8割が米国内に埋蔵）
・ガス・原油・石炭、石化・化学製品の価格競争力UP→国内製造コストDOWN（石化製品は、石油［ナフサ］だけでなく、天然ガス［エタン］からも生産可）
→製造業の米国回帰
→自動車開発は電気自動車（EV）から天然ガス自動車（NGV）へ移行
・エネルギー輸出国となり、貿易収支が改善
・中東から原油輸入激減→原油の安全確保の為に中東に費やした軍事費（国防費の7－8割）削減可能
→経常収支の改善→ドル高

＜中東＞
・世界最大の石油産出国の座を2020年には米国に奪われる
・米国の関与低下→中国が積極的関与をする可能性あり→チャイナリスク＋中東リスク
・主要販売先として、アジアンシフトへ→中東情勢が安定供給のネック

<ロシア>

・シェールガスに奪われた余剰ガス→台湾・韓国に加え日本に向かう→日露関係の改善→ガス購入価格低下

<日本>

・天然ガス、石油の買い方改善→米国からLNG、ロシアとのパイプライン、スポット買いの活用
　米国の自前シェールガス・オイルによる原価率には及ばない
・シェールガス埋蔵国（南米）へのシェール開発分野にチャンス
・天然ガスから精製する高機能原材料（石化・化学製品）の開発、天然ガス自動車の開発

［2013/4/14（Sun） 谷口恭子］

＊　＊　＊

Forum: BBT大学［講義］：クラスC（FA12）～4/30まで
Title: RE:#325　シェール革命で米国経済は復活するのか？
Sender: 斎藤喜寛 （FA122）
Date: 2013/04/14（日） 17:38

> 主に米国でシェールオイルやシェールガスが経済性のあるコストで採掘出来る様になったことが、何故、革命、とまで呼ばれるのか分かりました。

> その影響が、アメリカだけの経済、産業だけに留まらず、海外にも波及し、今後の世界情勢や地政学にまで及ぶとのこと。

> 非常に面白いテーマです。以下にサマライズしてみました。

　サマライズありがとうございます。
　おもしろいですよね、シェールガス。
　世界がどの様に変わって行くのか？、、、予見できない方向に行く可能性も大いにあるのでしょう。
　その他気になった事、疑問に思った事ですが、アメリカが中東から撤退するとして、あれだけの規模の軍を抱える中、単なる予算削減だけでなく、軍人はじめ、関係者や兵器の扱いをどう考えるのか？　また、軍

需産業が大幅な予算削減をおとなしく受け入れるのか？　仮に、アメリカが他の地域で軍事活動を望むならそれはどこなのか？　日本は実際、どの位の値段でどこからエネルギーを買うようになるのか？　アメリカは当然ながら、ロシアとのパイプラインや電力のつながりも気になるところ。そしてそれに絡み北方領土返還が、何らかの形で実現するのか？

学長も仰ってましたが、ドル高円安が進む可能性。想定以上に円安が進むのではないか？　ハイパーインフレの可能性、、、と言ったところです。

［2013/4/14（Sun）斎藤喜寛］

＊　＊　＊

Forum: BBT大学［講義］：クラスC（FA12）～4/30まで
Title: RE^4:#325　シェール革命で米国経済は復活するのか？
Sender: Y.T.（FA120）
Date: 2013/04/18（木）05:26

学長が冒頭で、「玉突き現象」による経済原則について述べてましたね。
ガス・オイルの価格低下→アメリカの良質な石炭も安くなる。

これにより、ヨーロッパは、ロシアからのガスを断って、アメリカの石炭を購入→CO2の問題激増。

しかし、石炭の「激安」はCO2のことを忘れさせる程魅力→石炭を安く購入できた分CO2の排出権購入→環境問題更に深刻化増！！

天然ガス・オイルの可採年数は、ガスで（世界中で使うだけ使っても）100年以上オイルは（採掘可能内でも）250年以上とのことで、エネルギーは孫の代まで心配ない……心配なのは、二酸化炭素の問題だと。

シェールガス革命により、経済面では様々なプラス効果が働くようですが、行く行くは環境問題の深刻化のツケがくるのではないかと少々懸念します。

> 浄化技術で日本が活躍できるチャンスがあるのではと思いました。

私もこの辺に日本の侵入チャンスが潜んでいるのではないかと思いました。

日本が、この環境問題対策への研究・技術力を高め、燃焼効率化や

CO_2 の削減策・新たな汚染処理などの開発を成功させることができるとなるとアメリカをはじめ、これからどんどんエネルギー消費が予測できる新興国でも、需要は高まる一方でしょうから、大きなチャンスですね。

日本は、また、他諸国が再生可能エネルギーの普及を遅らせている間も、地道にその開発を頑張ってほしいとも思います。

どうせ「開発」するのなら、やはり少しでも地球に優しい手法を見出して欲しいものです。

［2013/4/17（wed）Y.T.］

Forum: BBT大学院［現代の経営戦略（UF11）］［13/04］テーマ別：『日本のエネルギー問題』
Title:「徹底的な節電」から提案するのはどうでしょうか
Sender: 高野忠夫　（UF11）
Date: 2013/04/04（木）15:55

■なぜ民主党も自民党もエネルギー問題を一元化して総合的政策として提案できないのか、その本源的な問題点を究明せよ

議員制、政党、体質などに問題があることは明らかですね。

一方、提案を受ける側の日本国民にも問題があると思います。

エネルギー問題にあまり関心を寄せない国民には、日本にはお金がある、エネルギーは無限にある、お金を出せばエネルギーは買える、といった甘い考えがあるように思われます。

今回「日本のエネルギー問題（大前研一アワー #323）」では、以下の事柄を学びました。

- 化石燃料の追加負担は 100 億円 / 日にものぼること
- 電力会社の債務超過から関電も 5 年以内に破綻する可能性があること
- エネルギー政策は、高度な専門知識が必要であること
- 解決方法としては、原子炉再稼働、徹底した節電、第三の選択肢（燃

料電池、サハリンからの送電）しかないこと
・日本企業にとっても事業機会があること

原子炉再稼働、徹底した節電、第三の選択肢は同時並行的に行う必要があると感じますが、現段階では原子炉再稼働は反対論が大衆を占めていますし、第三の選択肢も実現までは時間がかかりそうです。

また個人的には、原子炉再稼働、LNG、電気料金値上げ、などの議論に比較して、「節電」についての議論はあまりされていないようにも思われます。

日本国民は、3.11 以降「節電」を実行し、成果を実感しています。

そこで、原子炉再稼働や第三の選択肢の議論から始めるのではなく、まず「（50％の）節電を義務付ける法案」を提案してはどうでしょう。

「徹底的な節電」をきっかけに国民はエネルギー問題の重要性を身近に感じ、議論が前進するのではないでしょうか。

［2013/44/（Thu）　高野忠夫］

＊　　＊　　＊

Forum: BBT 大学院［現代の経営戦略（UF11）］［13/04］テーマ別：『日本のエネルギー問題』
Title: RE:「徹底的な節電」から提案するのはどうでしょうか
Sender: 堀口憲一（UF11）
Date: 2013/04/04（木）17:09

> そこで、原子炉再稼働や第三の選択肢の議論から始めるのではなく、まず「（50％の）節電を義務付ける法案」を提案してはどうでしょう。

>「徹底的な節電」をきっかけに国民はエネルギー問題の重要性を身近に感じ、議論が前進するのではないでしょうか。

なるほど！これは実際に効果的のように思います。個人的には「節電を義務づける法案」というよりは、節電によって何らかのインセンティブが得られるならばより効果があって政治家も怖くないのではないかと思ったりします。具体的には税金の控除とかでしょうか？

［2013/4/4（Thu）　堀口憲一］

＊　　＊　　＊

Forum: BBT大学院［現代の経営戦略（UF11）］［13/04］テーマ別：『日本のエネルギー問題』
Title: RE^2:「徹底的な節電」から提案するのはどうでしょうか
Sender: 川越理人（UF11）
Date: 2013/04/09（火）07:35

>>「節電を義務づける法案」というよりは、節電によって何らかのインセンティブが得られるならばより効果があって政治家も怖くないのではないかと思ったりします。具体的には税金の控除とかでしょうか？

こうしたインセンティブの部分には、国民は躍起になりそうな気がしますね。

結局、節電やればできるんだね。という結果になりそうですし。

たくさん使う人や企業は税金を多く払って、あまり使わない人や企業は税金を控除。

税金の仕組みは上手く考える必要はありますが（シンプルなものが望ましい）、産業界や国民にとっても良い考えだと思います。

［2013/4/9（Tue）川越理人］

＊　　＊　　＊

Forum: BBT大学院［現代の経営戦略（UF11）］［13/04］テーマ別：『日本のエネルギー問題』
Title: RE: エネルギーの一元化について
Sender: 黒田　雅也（UF11）
Date: 2013/04/07（日）17:44

> 議論の流れが、原子力とそれに対する行政、政治家、国民の意識の問題に偏っていますが、一元化という観点からは、他のエネルギー源であるガス（ブタンに代表される都市ガス、プロパンなどのＬＰガス等）などの他のエネルギー、調達（交渉、調達先の多様化、価格低減策）、貯蔵、利用等多面的に考えると問題が見えてくるように思えます。

今回のお題そのものではありますが、おっしゃるとおり多元的な問題にしてしまっている状況を理解するのが大事ですね。

まず国の方向性をどうするべきか？　そのグランドデザインの中で、エネルギー調達・供給を考えなければなりません。企業のBSと同じで、どこから調達するか、どのように調達するか（コストも変わります）、もう一つはそれをどのように運用するかです。

需要ありきであれば、その調達方法は原子力、火力、その他を合わせて考えることになります。また、供給ありきであれば、原子力を用いるのか否かによって供給量はおのずと決まってきますから、配分すると足りない→節電や火力で電気料金アップ等の施策がでてくると考えます。

［2013/4/7（Sun）黒田雅也］

＊　＊　＊

Forum: BBT大学院［現代の経営戦略（UF11）］［13/04］テーマ別：『日本のエネルギー問題』
Title: RE^2: エネルギーの一元化について
Sender: 下河原　孝（UF11）
Date: 2013/04/07（日）23:08

> まず国の方向性をどうするべきか？
> そのグランドデザインの中で、エネルギー調達・供給を考えなければなりません。
> 企業のBSと同じで、どこから調達するか、どのように調達するか（コストも変わります）、もう一つはそれをどのように運用するかです。

なぜ、北海道から九州まで電力会社があるのか。
なぜ、日本には石油メジャーなる企業が育たなかったのか。
また、歴史的に見て、三井三池や夕張の炭鉱の閉山の問題と、今の状況はどのように異なるのか、黒4ダムなどの土建行政の経緯など、時間や業界、海外企業、エネルギー戦略との比較をすると、幅が広がり問題の真因に近づけるように感じます。

［2013/4/7（Sun）下河原 孝］

＊　＊　＊

Forum: BBT大学院［現代の経営戦略（UF11）］［13/05］テーマ別：『シェール革命で米国経済は復活するのか？』

Title: ＃１　再生可能エネルギー
Sender: 志野光寛（ＵＦ 11）
Date: 2013/05/05（日）16:23

自分自身は、一つのエネルギーに偏ることなくリスクを分散した多様なエネルギー政策が必要であると思っています。
その中で、原子力発電の重要性と共に、今後のＬＮＧ火力発電に大きな期待をしています。

しかし、再生可能エネルギーの代名詞の様にされている「太陽光発電」は、さまざまなうちの一つとしては良いと思いますが、安価なＬＮＧが入手できるようになると今後の展開は非常に厳しいと感じます。
太陽光発電に関する企業には悪影響が出るのではないかと予測します。

発電コスト（2010 年、円 /KWH）
・原子力：8.9
・石炭火力：9.5
・LNG 火力：10.7-11.1
・石油火力：36.0-37.6
・風力（陸上）：9.9-17.3
・地熱：8.2-10.4
・太陽光：30.1-45.8

コスト等検証委員会報告書－資源エネルギー庁－経済産業省（Adobe PDF）
www.enecho.meti.go.jp/info/committee/kihonmondai/.../8-3.p...
［2013/5/5（Sun）志野光寛］

＜政治問題＞

3. 日本で政権交代がうまくいかない本当の理由

（1）民主党政権は、「アラブの春」現象

1994年、当時の細川護熙政権下で小選挙区制が導入されてから、20年が経過しようとしている。「政権交代可能な二大政党制の実現」を目指して、小選挙区制は導入された。しかし、それが本当に正しかったのかどうか、吟味すべき時期にきていると私は思っている。

そもそも小選挙区制でなければ政権交代できないというのは間違いで、細川政権自体、中選挙区制で行われた最後の総選挙で得票率2位から5位までの非自民勢力が連立して誕生した。

連立によらない本格的な政権交代は2009年に起こった。しかし国民の期待を受けて誕生した民主党政権はめぼしい成果をあげることなく12年の総選挙で大敗北を喫し、政権を手放した。

問題は、「小選挙区制では票が偏りすぎる」ということだ。振り返れば郵政解散を受けた05年の総選挙もそうだったし、政権交代が起きた09年の総選挙、自民党が政権を奪還した12年の総選挙もそうだった。

「小泉ブーム」になれば自民党に票が集まり、「政権交代が必要だ」とメディアでコメンテーターが叫べば民主党が大勝する。

「民主党政権に失格の烙印」が押されると、その得失を吟味したり、精査することなく、民主党を壊滅させるほどの“揺り戻し”が起きる。

熱しやすく冷めやすい日本人のメンタリティを考えると、小選挙区制が本当に相応しいものなのか、よく考えなければいけない。クルマのブレーキとアクセルを交互に踏むような、非常に不安定な政治体制をつくる結果になってしまっているのだ。

アメリカであれば共和党政権になっても民主党政権になっても日本の政治のような“不安定さ”はない。イギリスでも保守党と労働党が政権交代を繰り返しているし、フランスでは 17 年ぶりに政権交代が起きて右派の国民運動連合から社会党に政権が移ったが、政権政党が代わってもそれなりに政権運営はできている。

では、なぜ日本の民主党は政権運営に失敗したのか。結論を先に言えば、戦後 60 年弱に及ぶ自民党一党支配によって、「日本は政権交代ができない国になってしまった」と私には思える。

中東、北アフリカで起きた一連の民主化運動は「アラブの春」と称されるが、熱狂して独裁者を追放してみれば残されたのは“カオス”だけだった。長期独裁の下では受け皿となる統治機構も人材も育っておらず、多くの国で国家運営が不安定化した。

実は長年の自民党一党支配が外れた日本も同じで、民主党政権とはまさに「アラブの春」現象ではなかったか。

（2）自民党政権の本質とは

民主党には元自民党出身の政治家も大勢いたし、野党時代には与党の政策や政権運営を厳しく問い詰めて、健全な野党としての機能も果たしていた。二大政党の一翼を担い、自民党政権の受け皿になる準備も十二分にしていたはずだ。ところが、いざ民主党が政権を運営する側に回った途端に機能不全に陥ってしまった。

それはなぜなのか。民主党の体質や政治手法に問題があったのは事実である。しかし、民主党イコール政権政党失格という結論を出す前に、吟味しなければいけないことがある。

それは、もっと根源的な問題として、長らく自民党が居座ってきた日本の政治システムを考えてみるべきだ。そこには、自民党支配からの脱却を阻むような仕掛けがあって、政権交代時には「アラブの春」現象が発動するようになっているのではないか、ということだ。

ここで自民党政権の本質について、考察してみたい。

自民党政権には主に４つの特質がある。第１は、自民党は決して言葉に出しては言わないが、「中央集権」の体質であるということだ。中央集権を補完するのは、中央官僚である。すなわち官僚依存、官僚主導による中央集権的国家運営が、自民党政権の第１の性格なのだ。

「官に仕事をさせるのが政治家の役割」というのが自民党の考え方で、安倍政権もさまざまなコミュニケーションの現場に官僚を絡ませることで、政権運営がうまくいっているように演出している。成長戦略でも、「特区」という言葉を使っているが、「特区」というのはいわば“お上のお目こぼし”だ。日本全体を変えようとするなら、中央官僚の権限を外せばいいが、安倍首相はそこまでやるつもりはない。

この国の中央集権体制は江戸時代から続いてきて、明治維新、戦後を通じて維持・強化されてきた。そして戦後における中央集権体制の担い手が自民党で、官僚主導の中央集権こそが自民党にとって唯一無二の成功の方程式なのだ。だから、中央集権体制が“動脈硬化”を起こして、新しい日本に生まれ変われない最大の要因になっているにもかかわらず、自民党政権では中央集権を打破することはできない。

民主党政権はこれを打破しようと「官から民へ」と訴え、中央官僚にそっぽを向かれた。弊害が顕著に出たのが外交で、たとえば中国大使に民間の丹羽宇一郎氏を起用したために、外務省は冬眠モードに入り、中国との関係がこじれて収拾がつかなくなってしまったのである。

自民党が長年かけて築き上げてきた官僚主導の中央集権システムは、堅牢だ。その構造を理解していない民主党政権が思い付き程度で「政治主導」とか「仕分け」と言ってみても、このシステムは簡単に壊れない。政策新人類と言われた民主党の枝野幸男元幹事長をして「（政治主導などと）うかつなことを言わなければよかった」と言わしめたほどだ。

（3）地方に金をばらまき、票を買ってきた

自民党政権の特質の２番目は「票を金で買う」ことだ。巨大な予算をつくり、赤字国債を発行して、地方に金をばらまく。自民党の政治家の多くは利益誘導で地元に交付金を持ってくる運び屋、アメリカで言う「ロビイスト」である。

民主党政権で財政赤字は加速したが、1000兆円の国家債務のうち980兆円ぐらいまでは、自民党政権時代に積み上がったものだ。つまり財政赤字の大半は自民党政権時代の問題で、返済できないほ

どの借金をして、地方に金をばらまいて票を買ってきたのが自民党である。

政治家が運び屋になって地方を交付金漬けにして、地方は地方で中央に無心する陳情体質が染みつき、日本では本当の地方自治が育ってこなかった。

本来、地方自治というのは、「徴税権や司法権、行政権などの政治機能は地方がもともと持っていて、国家は共同経営体である」という連邦制的な発想に基づくものだ。しかし日本は世界に類を見ないほどの強力な中央集権国家であり、自民党政治に「地方自治」という言葉はない。あるのはせいぜい「地方分権」、中央が持っている権限を少々分け与えるという発想だ。民主党が大敗した理由の１つは、この“運び屋”さえもうまく演じられなかったことだ。

政権発足当初は、地方からの陳情の窓口を当時の小沢一郎幹事長が１つにまとめて一本化した。小沢氏は自民党的体質というものをよくわかっているから、陳情を一手に引き受けて、金の分配もコントロールできた。

そうした役割を小沢氏に専念させていれば、民主党政権はもう少し踏ん張れたのかもしれない。ところが自民党の生命線である運び屋的機能というものを理解していなかったために、内輪揉めの理念闘争の結果、小沢氏を党から追いやってしまった。

結果、地方とのパイプが寸断されて、先の選挙では原口一博氏などの大臣経験者でさえ、小選挙区で落選した。

自民党政権の特質の３番目は、「継続性を担保する形になっていない近隣外交」である。

（4）自民党外交は“属人的な外交”

米ソ冷戦下で始まった自民党政権の外交はきわめて特殊で、近隣諸国との非常に重要な案件に関して、吉田茂や佐藤栄作、田中角栄など、時の指導者が「密約ベース」で外交関係を築いてきた。それは第1の特質に挙げた中央集権主義とは矛盾した“属人的な外交”であり、その内容を文書として残していない（残っているかもしれないが、外務省は残っていないと言う）。

相手国とどんな合意や約束をしたのかは、原則非公開で、自民党政府は、国民には正しい内容を知らせず、聞き心地のいい外交成果だけを喧伝してきた。

本来、外交関係というのは政権が代わっても継続されるべきものだが、密約ベースの自民党外交は政権交代にはなじまない。政権交代した場合、密約ベースの外交関係が踏襲されなくなってしまうのだ。

本来であれば、外交の継続性を担保するのは外務省である。アメリカでも政権交代で国務省や国防総省のトップレベルの人事は代わっても、外交に関するドキュメンテーションは引き継がれる。社長が代わるたびに一から対外関係をつくり直す会社などないだろう。

しかし、自民党外交の場合、もともと文書がなく、しかも交渉の内容を知っているのは自民党の中でもごく一部の限られた政治家だけだった。

先般、野中広務元官房長官が「日中国交正常化のときに、両国の指導者は尖閣問題を棚上げにするという共通認識を持っていた」と田中さん自身から聞いた、と発言した。

「尖閣に領土問題は存在しない」との立場を取る日本の中から、「尖閣棚上げ論」の生き証人が現れたということで物議を呼んだわけだが、野中氏が言っていることは事実だと思う。

田中角栄と周恩来による国交正常化交渉では、3つの密約があったと言われている。1つは周恩来が持ち出した「尖閣棚上げ論」であり、田中元首相はこれを了承した。

2つ目の「戦後賠償問題」。日本側はすでに賠償済み（蒋介石の国民党政権に対して賠償を申し出たが蒋介石はこれを断った）との立場だったが、中国側の賠償請求に対してODAという形で日本の資金と技術を供与することを約束した。これも文書には残していないが、ODAの3％がキックバックされて田中派の利権となり、竹下登や橋本龍太郎にこのシステムが引き継がれたのは、半ば公然の秘密だ。日本のODAに対して中国側から感謝の「か」の字も出てこないのは、多くの中国人はそれを実質的な戦後賠償と思っているからだ。

3番目の密約は、「A級戦犯問題」である。日本が戦後賠償しない理由を国内に説明するために周恩来が考え出した理屈は「中国人民も日本国民も、ともに日本の軍部独裁の犠牲者である」というものだった。つまりA級戦犯を中国人と日本国民共通の加害者に仕立てたのである。

しかし、その後、靖国神社がA級戦犯を合祀して「英霊」として奉り、（主として反田中派の）自民党などの政治家が靖国参拝をするようになってから、中国側はこれに強く反発するようになった。日本の国民はこうした説明を受けていないから、中国が靖国問題でそこまでエキサイトする理由がわからないのだ。

中国は共産党一党独裁が続いているから、日中国交正常化のときの合意が脈々と受け継がれてきた。だから３つの密約を侵すようなことを日本がしたときには、ギャーッと大騒ぎする。しかし日本国内においては、外交は密約ベースで行われてきたから、政権交代が起きたときに、これが宙に舞ってしまう。自民党外交が封じ込めた“パンドラの箱”が開いて、魑魅魍魎の外交問題が飛び出してくるのだ。

（５）小選挙区制は、デメリットが大きい

10年に尖閣列島付近で中国漁船が海上保安庁の巡視船に衝突した事件も、日中関係が継承されていない民主党政権だから起きたともいえる。

「日本の実質支配を認めた上で帰属そのものを棚上げする」ということで決着していたはずなのに、当時の前原誠司外務大臣あたりが「尖閣は日本固有の領土であり、日本の法律に則って粛々とやる」などと発言するから、中国も頭に血が上って行動をエスカレートさせたのだ。

石原慎太郎前東京都知事が尖閣を購入し、避難港などをつくるという行動に出たときに国家の強権でそれを止めればよかったのに、野田佳彦前首相自ら「尖閣国有化」を敢行したものだから、中国は「棚上げ合意」を反故にした、といきり立った。

「日本の実効支配を認める代わりに棚上げ」という尖閣に関する日中間の暗黙の了解について自民党政権は国民に説明してこなかったし、民主党政権にも引き継がれなかった。それが民主党政権の外交失点という形で表面化し、日中関係を今日のように悪化させてしまったのだ。

話を戻そう。自民党政治の第3の特質はこのような特異な外交である。日中関係だけではなく、日韓、日米、日ソ（露）など近隣諸国との重要な外交関係を自民党政権はすべて文書にすることもなく、国民への説明もなしで構築してきた。これは外務省の怠慢であると同時に自民党実力者の独特の問題解決手法であった。

この3番目の特質が政権交代を非常に難しくしているのだ。民主党政権が躓いた最大の理由の1つはやはり外交だ。原発問題にしても、自民党政権は秘密裏にアメリカの許可を得てウラン濃縮やプルサーマル技術の開発を進めてきた。それを民主党は受け継いでいないから、原発事故後に「原発依存度は0%がいいですか、15%がいいですか、20～25%がいいですか」などと国民に選択肢を提示し、脱原発依存に舵を切った。野田前首相はオバマ大統領からミーティングを拒絶されるなど、冷たくあしらわれた理由が理解できなかっただろう。

最後にもう1つ、自民党政権の特質の4番目。自民党の綱領にも書いてあるように、「憲法改正」である。その急先鋒が安倍首相で、国民投票法案を通した安倍首相自身も憲法改正論者であることを隠していない。

さて、以上、自民党政権の4つの特質の中で、4番目の憲法改正を除いては、いずれも政権交代になじまない。それは戦後60年かけて日本の統治システムと同化し、ちょっとやそっとでは引きはがせないものになっている。民主党のような“駆け出しの新人”がこれを否定してみたところで、パンドラの箱が開くだけで、新しい路線に進むことなどできないのだ。

従って日本はもはや政権交代が不可能な国であり、仮に民主党や日本維新の会が復活して強くなっても、「政権交代はできない」ということを結論として持つべきだと私は思う。小選挙区制という選挙制度の下では、移り気な世論の動向次第で振り子のような政権交代は起きるだろう。しかし、民主党政権でわかった通り、新しい政権が生み出すのは「アラブの春」の後と同じ混乱以外の何ものでもない。

健全な政権交代が起こらないのならば、小選挙区制は政治体制を不安定化させるデメリットのほうが大きい。その存在意義もいま一度問われるべきだろう。

そして政権交代ができない政治状況で、我々国民に残された選択肢は何かといえば、自民党政権の特質を１つずつ吟味して、自民党（および中央省庁）に変革と体質改善を迫ることしかない。

自民党的中央集権体制では日本の長期低落が免れないのは明らかで、財政改革は待ったなし。もはや密約外交では国際社会の信は得られない。アメリカでさえも近隣と揉める安倍外交に危機感を持ち始めている。

逆に言えば本稿で述べた最初の３つの自民党的体質を変革できるかどうか、日本国民そのものの信が世界から問われている、と私は思っている。

（プレジデント 2013/7/29 号「大前研一の日本のカラクリ」プレジデント社）

◆エアキャンパス（AC）発言より

Forum: BBT 大学 ［クラス］ 講義 （FA10）
Title: RE^6:#680 【STEP-1】憲法改正と道州制
Sender: 齊藤 勇治（FA100）
Date: 2013/05/06（月）11:19

>アメリカでも、重要な法律は、連邦議会のチェックが入るようですね。

外交と防衛に関しては、国全体の問題ですので、国家として統一的に対応する必要がありますね。

逆に地域に関することは、地域の自主性に任せればよいというのが「道州制」の根底にあるのではと思います。

中央省庁が権限を振りかざして、重箱の隅々まで指示するというのは、地方に問題を解決する能力がないと思っているかのようです。

戦後、資金も人材も無かった時代はその必要があったかも知れませんが、しかし、現在は日本がこれから生きていけるかというところに立っていると思います。

国立大学を超優秀な成績で卒業した人たちの巣窟である中央省庁が打開策を見いだせないとすれば、それはなぜか、今後も彼らに期待して良いのか。

もし本当に超優秀なのであれば、日本のこの状況をどう説明すれば納得できるのかと考えたときにやはり、限界なのだと思います。

対策の一つに官僚を既得権益から引きはがす必要があります。

中央にすべての権力がある限りはこの構図は変わらないと思います。

その有力な解決策の一つとして、経済だけでなく行政・立法権の分離を含めた「道州制」だと思います（国と地方の権限の役割は上記のとおりでしょう）。

なので、本当にやろうとすると、国民以前に官僚の抵抗があると思います。

よって、強力な破壊力、突破力を持ったリーダーがいないと難しいと思います。

ある種のカリスマですが、問題はカリスマ性に惑わされるのではなくて、やろうとする内容を聞いて自分で判断することですので、良く考える習慣が必要です。

［2013/5/6 日（Mon）　齊藤 勇治］

＊　　＊　　＊

Forum: BBT 大学［クラス］ 講義 （FA10）
Title: RE^3:#682 沖縄問題 【STEP-1】対中外交
Sender: 齊藤 勇治（FA100）
Date: 2013/05/24（金）11:41

靖国神社参拝問題は、様々な書籍やライブでも取り上げられていますが、日本側も問題を複雑にしている気がします。

1．いわゆる A 級戦犯合祀の問題
2．閣僚参拝の問題

が中国、韓国などの批判を浴びる原因になっています。

1. は、国内でも反論があります。A 級戦犯にかぎりませんが勝手に合祀するなという遺族と、合祀されて良かったという遺族・関係者がいます。

ライブでもこれを契機に天皇が参拝しなくなったと紹介されていました。

A 級戦犯とされた人々に対しては、否定的な感情を持つ人がいるため、一緒に合祀されると、参拝したくても行きにくい人もいるでしょう。

A 級戦犯とされた遺族の方には心苦しいですが、やはり関係者が生存している間は分祀することが良かったのでは思います。

2. は、閣僚になったら参拝を控える派と、公人としてあるいは私人として参拝する派などがあります。

閣僚になったら、国を代表する要人の一人になったわけですから、本来、私人としてということは通用しないと思いますが使い分けている感じでしょう。

A 級戦犯の合祀をするまでは、中国も取り立てて非難しなかったですので、問題を複雑にしている原因の一つです。

今日は、もうタイムカードを押したからこれから私人、というのはサラリーマンなら許されることかも知れませんが、相手からみたら 2 枚舌に見えるかも知れません。

企業でも役員になったら、行動上の境界はほとんどなくなるのではないでしょうか。責任の重みということですね。

日中が国交回復の際に、中国側は侵略の元凶をA級戦犯として、日本国民も被害者ということで決着させ、A級戦犯をスケープゴートにした歴史があります。

A級戦犯無罪論的な思考と行動をとれば、一端この時点まで戻り、全て白紙という事まで行く可能性もあり、賠償問題まで再燃する可能性を下記の記事は指摘しています。

自民党の取ってきた路線ですので、安部首相はそこらへんのことをきちんと理解している筈なのですが、それを踏まえた言動のようには見えません。

安部首相の「信念」故でしょうか。あるいは、旧田中派への恨みからでしょうか。

個人的な恨みは置いておいて、国益を考えてほしいと思います。

靖国神社参拝に対する中国、韓国等の対応について

http://www.marino.ne.jp/~rendaico/daitoasenso sengodemocracy_yasukuni._gaikokunotaio.htm

［2013/5/24（Fri） 齊藤 勇治］

Forum: BBT大学院［現代の経営戦略（UF11）］［13/04］テーマ別：『日本のエネルギー問題』

Title:「政治不在」＝「リーダーシップの欠如」→国民のエネルギー政策に対する問題意識欠如

Sender: 三好　実（UF11）

Date: 2013/04/03（水）16:51

> ■なぜ民主党も自民党もエネルギー問題を一元化して総合的政策として
> 提案できないのか、その本源的な問題点を究明せよ

一言で言えば「政治不在」＝「リーダーシップの欠如」だと自分は考えます。

【民主党】は実際に福島原発事故を受けて、様々な政策を提言してきましたが、それはほとんどが「無計画」で、かつ「混乱を招くもの」であったと思います。

下記に記載したマニュフェストの内容を見ても、その実際の実現可能性や様々な影響については何も検討されておらず記載されていません。

例えば、政府試算では原発ゼロ実現のために必要な投資は、省エネを含め100兆円を超え、その場合、電力料金も現在の２倍超に上昇するとなっています。

こういったことを踏まえ、その財源はどうするのか？　本当に電力料金が２倍になることが原発全停止による安全性担保よりも国民生活にとっていいことなのか？　など、具体的な指標がまったく記載されていないと思います。

また【自民党】においては民主党政権が決めた「2030年代に原発稼働ゼロ」にするというエネルギー戦略を見直したのはよかったのですが、

・３年間、再生可能エネルギーの最大限の導入、省エネの最大限の推進を図ります。

・独立した規制委員会による専門的判断をいかなる事情よりも優先します。

・原発の再稼働の可否については、順次判断し、全ての原発について３年以内の結論を目指します。

・安全性については、原子力規制委員会の専門的判断に委ねます。

と、すべての問題を３年以内という枠内での先送りと、独立した規制委員会の判断に委ねているのが明白です。

現実に目を戻すと、原発再稼働の遅れに伴う電力不足を補うため、火力発電の燃料費が年３兆円も余計に嵩んでいるのが現状です。３年以内などといった悠長なことを言ってる時間的余裕はないと思います。

こうした状況下、原発再稼働といった国の重要な基盤であるエネルギー政策を、果たして「原子力規制委員会」の判断一つに任せても本当にいいのか？　当然技術的な詳細についての判断は専門機関に委託しつつも、最終的な判断は、やはり「政治」が決断すべきだ、と考えます。

結局は、各党も次期参院選を考慮して、下手なことを言えないし、民意を汲み取りながらも、最終的には票がとりたい、というのが明白です。

最初に、「政治不在」＝「リーダーシップの欠如」と記載しましたが、最終的には、政治家を選ぶのは国民なので、国民自身、一人一人がエネルギー政策につてもっと知識を習得して深く考えて、たとえ政権が変わったとしても、しっかりとした国としてエネルギー政策の方向性を議論できるような基盤を作っていくことが必要なのでは、と考えています。

※以下参照

■エネ政策、分かれる対応　各党公約ほぼ出そろう

産経ニュース　2012.12.2 10:32

http://sankei.jp.msn.com/politics/news/121202/elc12120210330025-n1.htm

■自民党 マニュフェストより

http://special.jimin.jp/political_promise/bank/f_001.html

■民主党　マニュフェストより

http://www.dpj.or.jp/policies/manifesto2012

［2013/4/3（Wed）三好 実］

Bond-BBT グローバルリーダーシップ
MBA 公式 Student Community
Facebook グループの発言より
Date: 2013/8/9

「衆参のねじれよりも、野党と官僚との恒常ねじれの存在をしっかり理解すべき」。と理解。「（引用）そして政権交代ができない政治状況で、我々国民に残された選択肢は何かといえば、自民党政権の特質を１つずつ吟味して、自民党（および中央省庁）に変革と体質改善を迫ることしかない。」という意見に対し、本当に残された選択肢だと感じました。今世界ではビジネス幹部の中でのリベラルアーツ学習が広がっているという記事を他紙で読みました。私は、やはり教育あるいは学習が重要で、戦後（日本経営）史を、日本で書かれたもの以外も含めて多面的に、どの世代もしっかり学習しなおすべき。そのためにも、多数出ている経営書や起業ノウハウ本のように、もっと政治参画が身近になるような情報、あるいは語れる場が必要なのではないかと考えています。大前先生のように経営と政治を同時に語れる人がもっと公の場で出てきて頂くことも大切ですね。政治の専門家に経営を学んでいただき、経営の専門家に政治を学んでいただきたい。ちなみに、私は公共・地域政策が専門ですが経営を学ぶことによって地域経営に参画できる力を身につけたいと考えています。

［Bond-BBT グローバルリーダーシップ MBA 31 期生
2013/8/9（Fri）山下永子］

＜教育問題＞

4.　「世界の教育トレンド」(1章2) 関連 エアキャンパス（AC）発言

◆エアキャンパス（AC）発言より

Forum: BBT 大学　［講義］：クラス A （後半）
Title: RE^3:#328 世界の教育トレンド
Sender: Y.T.（FA120）
Date: 2013/07/28（日）23:07

> 紹介のあったドイツの大学制度までいくと、ちょっと行き過ぎの感はあるかもしれませんが、スイスもドイツ同様に、デュアルシステム（職業訓練制度）による教育（＋実質的な職業訓練）が主流で、高等教育（大学等）への進学率は 20％です。

私個人としては、実は、こうした教育システムの方がよりプラクティカルで、色々な意味でムダがないと思っております。

このシステムの最大のメリットは、雇用ミスマッチの回避ではないかと考えます。

日本のように、高卒・短大卒・大卒といった卒業学歴による問い / 評価はなく、何の職業訓練を受けているかが重要……というか、社会に出る（＝職に就く）準備が出来ているという当然の認識であり、実務に直接的なのです。

極端なことを言うと、大卒なのに、レストランでの給仕・・なんてことはありません。

一方のデメリットとしては、将来進む道（職業）を、割と早い段階で方向付けなければいけない、ということでしょうか。

12 ／ 13 － 15 歳くらいには決めなければ成らない様なので、一生の職業の選択と考えると、自分ののほほんとしていた中学時代からは想像がつきません。

もちろん、一度職業訓練を受けたら、その後全く転職ができないなんて事はありません。キャリアアップを目指しスイスでは多くの成人がWeiterbildung という専門性を磨くための継続教育（学校）に自主的に通っています。

日本は、少子化傾向に陥る中、各大学の存続維持のために、門戸のレベルを下げるという手段がとられると将来の国力に一層のリスクをもたらすことになるのではないかと懸念しますが、よく考えると、単に、他の国の制度を導入するということも、国や国民の特徴や成熟度などの差異もありますから難しいことなのでしょうね。

やはり、「日本が、今後何でメシを食っていくか？」の日本独自の今後の姿（方向性）を明確にすることが賢明なのでしょうね。

［2013/7/28（Sun）Y.T.］

＊　＊　＊

Forum: BBT 大学［Forum: ［講義］：クラス A （後半）
Title: RE^4:#328 世界の教育トレンド
Sender: 白濱　ちひろ（FA120）
Date: 2013/07/29（月）11:45

> スイスもドイツ同様に、デュアルシステム（職業訓練制度）による教育（＋実質的な職業訓練）が主流で、高等教育（大学等）への進学率は20％です。

> 私個人としては、実は、こうした教育システムの方がよりプラクティカルで、色々な意味でムダがないと思っております。

私も一律に高校や大学に進学することを目指すのは、あまり意味がないのではないかと思っています。

大学全入時代になり、大学の質が落ちており、もはや大卒ということに価値がなくなってる気がします。

社会に出てから役に立つことを身に着けるために学校に通うというのが、本来の望ましい姿に思います。

先日読売新聞に紹介されていた熊本県立球磨工業高等学校の伝統建築専攻

科では、宮大工などの伝統建築に従事する人を要請しているとのことで、こういう学校がもっと増えてもいいのではないかと思います。

　○熊本県立球磨工業高等学校　伝統建築専攻科

　　http://p.tl/4czy

> 一方のデメリットとしては、将来進む道（職業）を、割と早い段階で方向付けなければいけない、ということでしょうか。
> 12/13 - 15 歳くらいには決めなければ成らない様なので、一生の職業の選択と考えると、自分ののほほんとしていた中学時代からは想像がつきません。

　以前ドイツを旅行した時に、ドイツでは 10 歳で進路が決まると現地のガイドさんに聞きました。

　そのくらいで進路を決めなければならにということは、親が子どもの将来を考え、適性などを見極めなければいけないなと思います。

　○ドイツの教育制度　　尼崎市

　　http://p.tl/1EoA

> 日本は、少子化傾向に陥る中、各大学の存続維持のために、門戸のレベルを下げるという手段がとられると将来の国力に一層のリスクをもたらすことになるのではないかと懸念しますが、よく考えると、単に、他の国の制度を導入するということも、国や国民の特徴や成熟度などの差異もありますから難しいことなのでしょうね。

　確かに国による差異を考慮しなくてはいけないかもしれませんが、現在の日本の大学教育の在り方では、日本の国力は上がらないと思います。

［2013/7/29（Mon）白濱ちひろ］

＊　　＊　　＊

Forum: BBT 大学［講義］：クラス A（後半）
Title: RE^5:#328 世界の教育トレンド
Sender: Y.T.（FA120）
Date: 2013/07/30（火）20:38

> 先日読売新聞に紹介されていた熊本県立球磨工業高等学校の伝統建築専攻科では、宮大工などの伝統建築に従事する人を要請しているとのことで、こういう学校がもっと増えてもいいのではないかと思います。
> ○熊本県立球磨工業高等学校　伝統建築専攻科
> http://p.tl/4czy

白濱さん、熊本県球磨工業高校の紹介をありがとうございます。「一芸を磨け」・・宮大工の職人としての専攻科とは、素晴らしい。

日本は本来、こうした伝承すべき職人技の宝庫であると思いますので、職人技の伝承の場を教育現場がもっと積極的に導入すると、将来の、職業優位性にも繋がると思うのですが。スイスにいると「手に職を持つこと」が如何に重要であるか、白濱さんが言及されたよう、今は、単に大卒ということでは、価値を見出せませんからね（それで、2008年、スイスに嫁いでしばらくして、急な思い立ちから、4週間の「江戸前寿司職人養成コース」に通いました！）。

> 以前ドイツを旅行した時に、ドイツでは10歳で進路が決まると現地のガイドさんに聞きました。
> そのくらいで進路を決めなければならにということは、親が子どもの将来を考え、適性などを見極めなければいけないなと思います。
> 確かに国による差異を考慮しなくてはいけないかもしれませんが、現在の日本の大学教育の在り方では、日本の国力は上がらないと思います。

そうですね、白濱さん。現状を考慮して保守的な政策をとっても変化なんて計り知れた程度かもしれませんね。

現状を「打破」するには、それなりの（学長の言葉を借りると）「ユニーク」なやり方を半ば強引に押し進めることが必要なのかもしれませんね。

［2013/7//30（Tue） Y.T.］

＊　＊　＊

#328 世界の教育トレンド from BBT 大学木村 好宏（FA112）
2013/08/03（土）16:34

今回の分析レポートを聴いて、現状の日本教育がリアルに分かりました。正解のない時代、アカデミックスマートを兼ね備えながらもストリートスマートであらなければならない。

また、学校から帰ってきたら「勉強、宿題しなさい」ではなく、子供が優れた面を1点に絞ってテイラーメードで伸ばして挙げる必要がある。

エスカレートの専業学生でない私にとってはもう手遅れという感じは否めませんが、今後自分がどのように学んで社会で立ち回って行くかを深く考えさせられました。

BBTの学習は旧来の日本のそれとは違い北欧のチーム学習に近い要素を含んでいるので今、BBTに入っていない人と違う面で自分に磨きをかけて行ければと思います。

［2013/8/3（Sat）木村 好宏］

Course: M2　2012（後期通年）現代の経営戦略（UF11）
Forum: 大学院 M2 2012（後期）＞現代の経営戦略（UF11）＞［ディスカッション］-4
Title: #328 考える訓練にとって一番良いのは、考えなければならない環境に身を置くこと
Sender: 黒田　雅也（UF11）
Date: 2013/07/21（日）6:31

日本の教育をどこに向かわせたら良いのかということを考えさせられました。

方向性は、日本の伝統「詰め込み教育」とフィンランドに代表される「考えさせる教育」。

既に、詰め込み教育で平均的な知識レベルを上げることについては役割を終えており、これからは「考えさせる教育」が大切だと思います。

しかし、会社において、考える事を良しとすれば良いのですが、何も考えないで一生懸命働く社員を量産してきたことから、今からクリエイティブな仕事をしてくれと言う方が酷だなと感じます。

教育現場も同じかもしれませんね。

一方で、違う考え方をしている人が周りにいれば、自然と自分で考えることに繋がります。

ルールが通用しない、ルール通りにやっていても尊敬されない、という

環境に置かれると、何かバリューを発揮しなければならないという危機意識が芽生えます。

優秀な外国人をどんどん採用して、組織の中に入れて行くのが日本にとって最も良いと思いますが、それが難しければ若い社員を海外に派遣して、影響を受けた社員が日本に戻って仕事をするという循環を作るのが良いと思います。

教育においては先生の充実が大事ですが、そもそも日本人の中に「考える」教育をすることができる人材を増やしていかなくてはなりませんね。

［2013年7月21日（Sun） 黒田 雅也］

＊　＊　＊

Course: M2　2012（後期通年）現代の経営戦略（UF11）
Forum: 大学院 M2 2012（後期）＞現代の経営戦略（UF11）＞［ディスカッション］-4
Title: RE^2:#328 考える訓練にとって一番良いのは、考えなければならない環境に身を置くこと
Sender: 久保田基嗣（UF11）
Date: 2013/07/26（金）2:37

> 日本の詰め込み教育は役割を終えたという表現はしっくりきました。

> 役割は終えたので新たなものに脱皮する必要がある。

私は何となくですが「詰め込み教育」と「考えさせる教育」の対極思考の中間 (或いは、全く別) に答えがあるような気がしています。それが日本の教育に革命を起こす鍵となるような…。詰め込み型による基礎学力が大切でも、その対象が「偏差値」にならざるを得ないから性質が悪い。かといって北欧が成功しているから日本も「考えさせる教育」もというのはどうかなと思います。

日本から世界に発信する教育があってもおかしくありません。いずれ世界からこぞって日本に人材を求めてやってくるような。教育において「日本の立ち直りを見事だ」と世界から称賛される日が訪れる事を信じています。

［2013年7月26日（Fri）久保田基嗣］

＊　＊　＊

Course: M2　2012（後期通年）現代の経営戦略（UF11）
Forum: 大学院 M2 2012（後期）＞現代の経営戦略（UF11）＞［ディスカッション］-4
Title: RE:#328 考える訓練にとって一番良いのは、考えなければならない環境に身を置くこと
Sender: 鈴木健（UF11）
Date: 2013/07/22（月）7:20

> 優秀な外国人をどんどん採用して、組織の中に入れて行くのが日本にとって最も良いと思いますが、それが難しければ若い社員を海外に派遣して、影響を受けた社員が日本に戻って仕事をするという循環を作るのが良いと思います。

> 教育においては先生の充実が大事ですが、そもそも日本人の中に「考える」教育をすることができる人材を増やしていかなくてはなりませんね。

おっしゃる通りだと思います。
変革のポイントは、子どもを相手にする大人がどれだけ変われるか、これはスキルもさることながら、意識改革が重要になりますね。
学校教育の場面で考えれば、大きな組織と大きな既得権益がありますから、意識とスキルをもった指導者を育て守るための仕組みも必要になると思います。
制度変更も必要になると思いますが、顧客（子どもや親）がしっかりと意識を変えて声をあげていく、ということが固い殻を壊すためには必要かもしれません。

［2013年7月22日（Mon）鈴木健］

＊　＊　＊

Course: M2　2013（前期通年）現代の経営戦略（US12）
Forum: M2 2013（前期通年）　現代の経営戦略（US12）＞ディスカッション US12-B＞［13/08］テーマ別：『世界の教育トレンド』
Title:【課題2】フィンランドの教師力とグループワーク
Sender: 渡邉 俊明（US12 9
Date: 2013/08/16 8（金）8:28

>【課題２】
> 講義の中で大前教授が紹介している北欧、スイス、ドイツやアジア諸国の教育制度や教育方針の「特徴」と「強み」「弱み」を調べ、日本の教育制度との本質的な違いをクラスで検証してください。

> また、日本に「横展開」することはできるでしょうか？

フィンランドは「教師」が優れているというのを昨年度の新資本論の講義の時に知ったので、以下の本を読んでみました。

◎教育立国フィンランド流　教師の育て方
　http://www.amazon.co.jp/dp/4000225677　（← URL を短く紹介してます。BBT）

読んで思ったことは、学長の講義にもあった通り「国にとって必要な人材像」を育てるための教育内容・教育システムが徹底して作られている、ということです。
－ IT 革命で情報があふれる中、必要な情報を選んで利用できるような人材・個性が異なる多くの人と一つのものを築き上げられる人材、これらを教育でトレーニングするのにはグループワークが有効
－そして、グループワークを実りあるものにするには、クラスの状況にあった適切な教材・ファシリテーションが必要であり、教師の「質」が求められる。
日本の新しい学習指導要領（http://www.mext.go.jp/a_menu/shotou/new-cs/index.htm）でも「生きる力」を育むという点が述べられており、ここはフィンランドの目標と大きな相違がないように思いますが、実際の教育では総合学習の時間を設ける程度で、これまでの詰め込み教育を引っ張っている部分も多いと思います。
原因として親・教師含む社会として詰め込み教育からの脱却の必要性を実感し切れておらず、中途半端な取り組みになっているように思います。
－一方、フィンランドの場合は、隣にロシアという大国があり、独立してからもわずか 100 年と歴史が浅いため、小国としての危機感があり、国全体で意識をそろえることができ、教育改革ができたと思われます。
仮にこの方向性を志向するなら、いきなり国ごと変えるのではなく、どこかの自治体 or 私立で、コンセプトを実現できる教師を集めて横展開す

るスモールスタートがよいのでは、と思いました。

［2013 年 8 月 16 日（Fri）渡邉 俊明］

＊　　＊　　＊

Course: M2　2013（前期通年）現代の経営戦略（US12）
Forum: 大学院 M2 2013（前期通年）　現代の経営戦略（US12）＞ ディスカッション US12-B ＞［13/08］テーマ別：『世界の教育トレンド』
Title: RE:【課題 2】フィンランドの教師力とグループワーク
Sender: 秋山政直（US12）
Date: 2013/08/17（土）15:12

> －IT 革命で情報があふれる中、必要な情報を選んで利用できるような人材・個性が異なる多くの人と一つのものを築き上げられる人材、これらを教育でトレーニングするのにはグループワークが有効
> －そして、グループワークを実りあるものにするには、クラスの状況にあった適切な教材・ファシリテーションが必要であり、教師の「質」が求められる。

ひとつひとつ納得しました。私も、日本の教育事情を議論するには「教師（現場の人材）の質（求められる能力）」を問う事からアプローチするのが適切ではないかと思っていました。

日本の教育は極端な知識詰め込み型（個性無視を前提とした）だと既に言い古されていますが、こういった現状がなかなか改善されない理由のひとつに、実施する側（＝教師の立場）からすると「その方がテスト（評価）がずっと簡単にできる」ということがあるのかなと思っています。換言すると、閉鎖された教室で生徒の「暗記能力」をマル・バツで一律評価できるシステムそのものが、「先生」という社会的地位を保証する既得権益になっているようなイメージですね。

デンマークの事例ですが、「試験も、日常の環境と同じ条件のもと行わないと意味がない」は正論だと思いますし、そういった前提で生徒を適切に評価するためには、相応の「考える力」が現場の教師に求められるということだと思いました（翻って日本の現状はどうなのか？）。IT 時代に知識詰め込み型がナンセンスだとはいいませんが（「暗記能力」が以前よりも重要でないのは明らかだと思います）、情報が溢れ返る時代だからこ

そ、それらをいかに駆使していくかをリアルタイムにファシリテートできる能力を教師の存在価値として問うべきだと思っています。

参考：http://xbrand.yahoo.co.jp/category/business_money/9143/1.html

［2013年8月17日（Sat）秋山政直］

Course: BOND-BBT MBA［MGMT71-701］ Corporate Strategy （企業戦略 2012-2013）
Forum: ［MGMT71-701］Corporate Strategy > CS2012-2013 > 大前研一ライブニュース議論（2月11日～2月17日）
Title: RE:# 669 BBT 大学
Sender: 首藤 大司
Date: 2013/02/11（月）5:30

> 本ニュースで示された大学・大学院入学者に占める社会人の割合「日本2%」という数字の低さには、驚きました。

> 日本では、卒業したらその時のスキルで走る、自分で努力し再度、学校・ビジネススクールで学ばない、というメンタルブロックが存在するのではないか、と感じるニュースでもありました。

同意します。そもそも「やり直し」が効く、社会人になってからも学校に行く。という発想自体が無いのではと思います。

ただ徐々にそのことに気づいている傾向はあると感じます。MBA大学院が増えて来ている事もあります。

MBA大学院一覧
http://www.keikotomanabu.net/college/db11-101_00_000_01.html

ただ学長が指摘しているように中々教えられる人が少ないというのも事実であり、そういう意味で海外の大学院がオンラインで日本にMBAプログラムを提供し学位まで与えるというのはArbitrageビジネスになりそうですね（ちょっと脱線しました）。

［2013 年 2 月 11 日（Mon）首藤 大司］

Course: BOND-BBT MBA［MGMT71-701］ Corporate Strategy （企業戦略 2012-2013）
Forum: ［MGMT71-701］Corporate Strategy > CS2012-2013 > 大前研一ライブニュース議論（2 月 11 日～ 2 月 17 日）
Title: RE:# 669 BBT 大学
Sender: 浅川 佐知子
Date: 2013/02/11 （月）8:20

> 日本では、卒業したらその時のスキルで走る、自分で努力し再度、学校・ビジネススクールで学ばない、というメンタルブロックが存在するのではないか、と感じるニュースでもありました。

魅力ある教育機会があまり無いという指摘が番組でもありました。私もそのように思うことが多いので非常に納得感がありました。

それにくわえて、教育と労働市場の関係が確立していないという事情があるように思います。

若干古い論文ですが

http://www.ndl.go.jp/jp/data/publication/refer/200812_695/069504.pdf

＝＝引用開始＝＝

産業界のニーズと教育内容のミスマッチ、資格や修学内容に対する社会的認知がなされず

卒業後の評価に結びつかないなど、社会人の教育と労働市場の関係が確立していない。

＝＝引用終了＝＝

とあるように、苦労して修了してもそれだけではなかなか報われない、というケースも往々にしてあると思いました。

また、これは感覚の話で恐縮なのですが、

一部の社員には、「就職してからの教育は会社がやるもの、自分でお金を出してやるものではない」、というメンタルブロックがあるように思い

ます。

たとえば、就職後どういうスキルが必要なのかは自分ではなく会社が求めるものだから、勉強して欲しければその教育機会を与えよ、という人が身近に居ました。

もしかしたら全員一緒にうける「新人教育」の習慣からそのように思っているのかもしれません。

#Bond に来ている皆さんはそんなこと無いと思いますので、一般論として捕らえてください。

もし、投資に見合うだけの就業機会や報酬の機会が明確に出てくれば、社会人教育は会社の仕事と思っているメンタルブロックも

解消するのではないか、逆に急にメンタルブロックの解消だけを社員一人ひとりに求めても、なかなか改善されないのではないか、と思っています。

［2013 年 2 月 11 日（Mon）浅川 佐知子］

Course: BOND-BBT MBA［MGMT71-701］ Corporate Strategy （企業戦略 2012-2013）
Forum: ［MGMT71-701］Corporate Strategy > CS2012-2013 > 大前研一ライブニュース議論（2 月 11 日～ 2 月 17 日）
Title: RE^4:# 669 BBT 大学
Sender: 大隈 徹
Date: 2013/02/12（火）15:37

> ただ学ぶだけではなく、学んだことをいかに活かすかも考えながら精進する必要がありますね。

この点はとても重要だと思いました。

勉強が好き、資格・学位が欲しいなど、人が勉強する理由には色々あると思いますが、社会人が勤務先の理解を得ながら勉強する場合には、その最終ゴールは「業務上の長期的・短期的アウトプット向上」であるのが合理的かと思います。

この意味で、浅川さんご紹介のレポートが指摘する「産業界のニーズと教育内容のミスマッチ」というのは致命的で、苦労して卒業しても評価されないのはいわば当然なのかもしれません。

学んだことを活かしてしっかりアウトプットに変えていくことで、巷の

「MBA は使えない」などという社会人学習に批判的な声も徐々に消えていくかもしれないと思いました。

［2013 年 2 月 12 日（Tue）大隈 徹］

Course: BOND-BBT MBA［MGMT71-701］ Corporate Strategy （企業戦略 2012-2013）
Forum: ［MGMT71-701］Corporate Strategy > CS2012-2013 > 大前研一ライブニュース議論（2 月 11 日～ 2 月 17 日）
Title: RE^5:# 669 BBT 大学
Sender: S.H.
Date: 2013/02/17（日）23:59

> 勉強が好き、資格・学位が欲しいなど、人が勉強する理由には色々あると思いますが、社会人が勤務先の理解を得ながら勉強する場合には、その最終ゴールは「業務上の長期的・短期的アウトプット向上」であるのが合理的かと思います。

この点は非常に重要であると、共感いたしました。

ライブでは日本の社会人が大学や大学院で学ぶ率の低さが指摘されていましたが、（既に多くの方が議論されていますが）日本は個人のキャリアや能力に危機感を感じる人が少ないのか、加えて卒業後に学ぶ環境が得られにくいのか、いずれにせよ今後の人材のグローバル化を控えている現状としては、個人の能力を高めることが必要と考えらます。

まずは自身の能力の不足を思い知ることが必要でしょうか。

その環境を強制的につくることに対しては賛否両論あるかと思いますが、社内においてジョブローテーションを行うなど様々な人と触れ合う機会を作っていくことも企業としては必要なのではないかと感じました。

［2013 年 2 月 17 日（Sun）S.H.］

Course: BOND-BBT MBA［MGMT71-701］ Corporate Strategy （企業戦略 2012-2013）
Forum: ［MGMT71-701］Corporate Strategy > CS2012-2013 > 大前研一ライブニュース議論（2 月 11 日～ 2 月 17 日）
Title: RE^2:# 669 BBT 大学
Sender: H.I.

Date: 2013/02/12（火）7:39

> 一部の社員には、「就職してからの教育は会社がやるもの、自分でお金を出してやるものではない」、というメンタルブロックがあるように思います。

> たとえば、就職後どういうスキルが必要なのかは自分ではなく会社が求めるものだから、勉強して欲しければその教育機会を与えよ、という人が身近に居ました。

私の周りにもいましたし、昔は自分もそういう姿勢があったと思います。

他の方もお書きのように、日本では学校はアカデミックにかたよっていて、実践に近いことは企業・組織が就職してから従業員を育てるという図式になっていたからだと思います。それで、企業側の体力が無くなってきて、職務に直結しない（と企業側が考える）教育まで手が回らなくなってきているという部分もあるのかなと。

ライブで示された割合以上に自分が知り合った外国人は、MBAだったり、MBAとって起業しててもPhDコース（DBA）だったりで勉強していると耳にします。

日本でも定時制高校から大学の二部、社会人入試選抜など昔からあるものの、やはり社会人が学ぶこと自体まだ「特別なもの」という位置づけに思います。更に、このグローバル社会なのにリーダーシップやダイバーシティーについて学ぶ場所がないという状況ではなかなか競争力を確保するのは難しいですね。

実務に取り組んでみて限界を感じて理論を学ぶ、理論を実務に活かす、そしてまた新たな課題を見つけて勉強するという循環も大事かなと思いました。一定期間仕事にまい進する人も大事ですし、一定期間集中して勉強をする人も必要だと思います（もちろん両方高いパフォーマンスでできるのが理想ですが）。

［2013年2月12日（Tue）H.I.］

＊　＊　＊

Course: BOND-BBT MBA［MGMT71-701］ Corporate Strategy（企業戦略 2012-2013）

Forum: ［MGMT71-701］Corporate Strategy > CS2012-2013 > 大前研一ライブニュース議論（2 月 11 日～2 月 17 日）
Title: RE^3:# 669 BBT 大学
Sender: 森田　晋輔
Date: 2013/02/13（水）23:17

> 日本の企業や日本人の上司は自己啓発をする時間があるなら、その分仕事をしろという人が多いような気がします。

> また、就業規則で 1 日 8 時間以内であることを明記してはいるものの、実際は 8 時間では終わらない仕事量を与えたり、帰りにくい雰囲気があったりするため、会社に拘束される時間が長いのも事実です。
> くわえて、有給休暇を取得しにくい会社もあり、

確かにこういう雰囲気はありますよね。日本では学歴は重視するけど、学ぶことは軽視するというか、学校などで学ぶことには意味はない。仕事を通して経験からしか本当の学びはない。暗黙のうちにこんな共通の思いでもあるのでしょうかね。

どんな仕事でも理論の実践の相互作用があるように思いますし、そういう知識でないと応用が効かないように思います。プロフェッショナルの仕事の代表格である医師だって、大学で医学の理論をちゃんと勉強してなければ教わった手術方法に磨きをかけるだけで、新しい方法を開発したりなんてなかなかできないと思いますが。

［2013 年 2 月 13 日（Wed）森田 晋輔］

＊　＊　＊

Course: BOND-BBT MBA［MGMT71-701］ Corporate Strategy （企業戦略 2012-2013）
Forum: ［MGMT71-701］Corporate Strategy > CS2012-2013 > 大前研一ライブニュース議論（2 月 11 日～2 月 17 日）
Title: RE^2:# 669 BBT 大学
Sender: K.H.
Date: 2013/02/11（月）23:28

> 弊社の周りを見ていると、MBA に限らず英語・簿記・FP 等々の自己学

習をしている人の割合は凄く低いように思います（私が知らないだけかもしれませんが）。日本の場合（特に文系の場合）、大学入学後の学習意欲、学習者の割合はかなり低下するように思えます。

私の周りも同じですね。

会社は自己開発を積極的に進めている方だとは思いますが（表面上は）、それでも先輩や上司に20代のころに自己開発などの事を話をしていると、「なんでその年で勉強をしようと思ったの？」と聞かれたことがあります。

逆に「なんで勉強しないの？」と聞きたくなりますが、何となく感じているのは、日本の終身雇用がなくなりつつあるとは言っても、まだまだ意識にはあり、一つの会社に入社したら、そこで勤め続けることがある程度、前提になっているため、社内のこと以外には、目が向いていないのかなと思ったりします。

［2013年2月11日（Mon）K.H.］

Course: BOND-BBT MBA［MGMT71-701］ Corporate Strategy （企業戦略 2012-2013）
Forum: ［MGMT71-701］Corporate Strategy > CS2012-2013 > 大前研一ライブニュース議論（2月11日～2月17日）
Title: RE^3:# 669 BBT 大学
Sender: 真壁 雅彦
Date: 2013/02/12（火）15:31

> それでも先輩や上司に20代のころに自己開発などの事を話をしていると、「なんでその年で勉強をしようと思ったの？」と聞かれたことがあります。

> 逆に「なんで勉強しないの？」と聞きたくなりますが、

→ Bondの話をすると、働きながら勉強していることを珍しく思われますよね……（笑）

私の会社は平均年齢が29歳ということもあって、逆に若手に対して「何で勉強しないの？」と言い続けるようにしてます。彼らの方が年齢が若いのでもちろん脳みそも若いはずなので、この貴重な時間を有効活用できれば、きっと5年後10年後の大きな力になるはずなので。

［2013年2月12日（Tue）真壁 雅彦］

＊　＊　＊

Course: BOND-BBT MBA［MGMT71-701］ Corporate Strategy （企業戦略 2012-2013）
Forum: ［MGMT71-701］Corporate Strategy > CS2012-2013 > 大前研一ライブニュース議論（2月11日～2月17日）
Title: RE:# 669 BBT 大学
Sender: 真壁 雅彦
Date: 2013/02/11（月）13:44

> 日本では、卒業したらその時のスキルで走る、自分で努力し再度、学校・ビジネススクールで学ばない、というメンタルブロックが存在するのではないか、と感じるニュースでもありました。

→自分自身もそのメンタルモデルだったように思います。

ただ、30歳手前位から会社経営を行う上で学んでおくべき内容は会社の現場業務だけでは到底追いつかないということ（特に財務）、OJTの限界（その人の知識と能力の上限が学べる範囲となるため、そのOJTが学んでいないことは学べない）を感じ、Off the Job での学びの強化を開始しました。

Off The Job での学びを始めてからは実践と理論がうまく回り始めて仕事も効率的になってきた実感もあり、OECD諸国のビジネスマンはこの経験をかなり早い段階から戦略的に行ってきている事を考えると、競争力の差が付いてしまうのは当然の気がします。

まずは卒業したら学びは終わりというメンタルモデルの改革から始めないとですね。

我々がこうして学んでいることが何か周りの方にも良い影響を与えられるように頑張りたいですね。

［2013年2月11日（Mon）真壁 雅彦］

Course: BOND-BBT MBA［MGMT71-701］ Corporate Strategy （企業戦略 2012-2013）
Forum: ［MGMT71-701］Corporate Strategy > CS2012-2013 > 大前

研一ライブニュース議論（2月11日～2月17日）
Title: RE^2:# 669 BBT 大学
Sender: 森田　晋輔
Date: 2013/02/13 （水） 23:26

> まずは卒業したら学びは終わりというメンタルモデルの改革から始めないとですね。

> 我々がこうして学んでいることが何か周りの方にも良い影響を与えられるように頑張りたいですね。

　学びは一生続けましょうね。現場で学び、理論で学び、それを自分の頭のなかで整理して仕事に活かす。今はきっとそのやり方を習慣化させているプロセスだと言い聞かせて自分に鞭打っていこうと思います。

［2013年2月13日（Wed）森田 晋輔］

Course: BOND-BBT MBA［MGMT71-701］ Corporate Strategy （企業戦略 2012-2013）
Forum: ［MGMT71-701］Corporate Strategy > CS2012-2013 > 大前研一ライブニュース議論（2月11日～2月17日）
Title: RE^2:# 669 BBT 大学
Sender: 藤井　亮介
Date: 2013/02/14 （木） 21:31

> > 日本では、卒業したらその時のスキルで走る、自分で努力し再度、学校・ビジネススクールで学ばない、というメンタルブロックが存在するのではないか、と感じるニュースでもありました。

> 私の周りだけかもしれませんが、学生の時に「学校の勉強はつまらない」という意識がついている人が多いです。

　ボンドの勉強は、学生時代の受験勉強とはだいぶ違いますよね。

ボンド：自らの役に立つと信じる科目において、自分で調べ、自分の頭で考え、発表し、クラスメートとディスカッションし、学んだことを仕事で生かす……。
受験勉強：与えられた参考書で、決められた問題を、教えられた手法で解いて、試験で一喜一憂する……。

　昔はなんてつまらないことに熱を上げていたのだろう……と思います。
　一方でボンドの勉強は、仕事に役立つだけでなく、いろいろな考え方を学び、身につけ、応用することを通じて、自らの人生を自らで切り開く力をつける場である気がします。
　「生きるための勉強」とも言えるのではないかと。
［2013年2月14日（Thu）藤井 亮介］

＊　　＊　　＊

Course: BOND-BBT MBA［MGMT71-701］Corporate Strategy（企業戦略 2012-2013）
Forum:［MGMT71-701］Corporate Strategy > CS2012-2013 > 大前研一ライブニュース議論（4月1日～4月7日）
Title: RE^2:Opotunity
Sender: 市川　卓
Date: 2013/04/04（木）13:45

> 実際のところ、これらの国の先生よりも、優れているフィリピンの方も多くいらっしゃる気がいたします。

　先日、日本で中学校のALT（外国語指導助手）として働くフィリピン人と話をする機会があったのですが、本当に英語がうまいですね。
　いろいろ聞いてみると大学の授業（国語以外）全て英語だったとのこと。
　しかし、日本では、決して上手な英語とは言えない日本人教師のアシスタントとして働き、市町村や教育委員会では、最長でも3年契約と決められている為、生活は不安定だそうです。
　そして、なぜそんなにみんな英語が話せるのかと聞いてみると、国内に仕事がないから…というシンプルな答えにはっとしました。
　それなりにまだ職はあるし、市場も大きい日本で、日本人であるという既得権をフルに活かして、自分は飯食っているのだなと。非常に申し訳ない一方、ありがたい仕組みではないかとも思いました。

この仕組みが回り続けることを期待するのか、世界で勝てる人材になるのかという過渡期で個人としては後者に備えなくてはならないと改めて感じる出来事でした。

［2013年4月4日（木）市川 卓］

＊　＊　＊

Course: BOND-BBT MBA［MGMT71-701］ Corporate Strategy （企業戦略 2012-2013）
Forum: ［MGMT71-701］Corporate Strategy > CS2012-2013 > 大前研一ライブニュース議論（4月1日～4月7日）
Title: RE^3:Opotunity
Sender: 白木 康彦
Date: 2013/04/04 （木） 21:55

> この仕組みが回り続けることを期待するのか、世界で勝てる人材になるのかという過渡期で個人としては後者に備えなくてはならないと改めて感じる出来事でした。

日本市場が右肩上がりであればドメスティックで勝てる人材でもよいのでしょうが、そうではない今の状況だと後者を取らざるを得ないのではないかと思います。昔のように終身雇用も守られるわけでもないですし、エスカレーターのように昇進していくことがほとんど期待できないので、強い個人になるしかないと思いますね。

［2013年4月4日（Thu）白木 康彦］

あとがき

空に形があったらどんな青空が見えるだろうか？球形だったり、円錐だったり、立方体だったり、雲のように時々刻々形が変わったり、想像するだけで楽しくなってくる。そこには正解がないから面白い。自分で想像して考えなければ、何も浮かんでこない、言葉にならないからです。

これから我々が直面する問題は、日本における少子高齢化社会の問題、3.11 以降の原子力発電の問題など正解のない問題ばかりである。正解のない問題に如何に付加価値の高い提言ができるかは、問題解決能力にかかっています。世の中に前例のない問題を考える。青空の形を考えるがごとく、考えを自由に発散させながら想像力を働かせる。一度発散させた考えを論理的に整理し、纏めていきます。このような論理的な左脳と想像的な右脳とのキャッチボールをしながら、新しい問題の課題を解決していきます。このような問題解決能力が求められてきています。

世界の経済の流れに目を向けてみると、経済がボーダレス化し、ICT（Infomation and Communication Technology：情報通信技術）の著しい進歩と相まって、急速にグローバル化が進んで来ています。この現象は、経済だけではなく、従来、保守的とみられていた教育分野に於いても ICT を応用し、オンライン教育の中身を充実することによってボーダレス化が一気に進んでいく兆しが見えてきています。例えば、大学の高等教育において、「MOOCs（Massive Open Online Course; ムークス）」と呼ばれるオンライン教育があり、世界の著名大学がネット上で授業の公開を始め出してきています。しかも授業の視聴は無料です。インターネットが繋がれば、世界のどこからでも世界で一流の先生の講義を受講できるのです。ここには、国境も人種も宗教もありません。国の経済格差による貧富の差もありません。学びたい人が集う自由でフラットなキャンパスがオンライン上にあるのです。このキャンパスの設計は学んでいる仲間で創っていくのです。空の形を想像するがごとく、色も形もそこに集った人々によって、また、学びの深さによって変幻自在に変わっていくものです。これがこれからの学びのキャンパスの姿です。今までは学びの場は無機質な校舎をシンボリックなものとしてきましたが、これからは集団知という知識ベースが結びついた神経のネットワークのような有機的なものに変わっていくことと思います。

今は大学の高等教育からはじまっていますが、今後、中等教育、初等教育までこの流れは止まらないでしょう。初等教育までくると少なくともインターネットの繋がるデジタル大陸では教育格差はなくなります。そして、みな同じ基礎的な教育を受けたという意味ではフラットな状態となるのです。したがって、オンライン教育の進化とともに問題解決思考が世界で教育を受ける者のデファクトスタンダードとなっていくことと思います。ここからが競争でもありますが、世界の多様な価値観の持ち主が、問題解決思考をベースに考え、創造力を働かせていくことになります。オンラインのキャンパスに世界の集合知が結集することが可能になってくるのです。非常に興奮を覚える場面がすぐそこに迫ってきているのです。

このように教育の現場がICTによりドラスティックに変わろうとしている今、世界を舞台に活躍できるよう自らの能力を磨いていって欲しいと思います。更に、問題解決思考を駆使し、必ずしも自分に結び付かない世界で解決していかなければならない政治的問題、社会的問題に同じ思いを募らせている仲間と解決策を見出していってもらいたいと思います。仕事を離れ、損得勘定のない仲間とともに将来に渡って日本、あるいは、世界に対して集合知を高めながら社会貢献を続けていく。その仲間はいつの間にかグローバルになっていることでしょう。一人一人が、自分の理想のキャンパスの構築に向け、生涯にわたって学び続ける気持ちを持ち、実行すべき機が熟したなら、勇気をもって行動することを期待します。

2013年9月　吉日

ビジネス・ブレークスルー大学
副学長　　伊藤　泰史

◎編著者プロフィール

大前 研一（おおまえ けんいち）

1943年、北九州市生まれ。早稲田大学理工学部卒業。東京工業大学大学院で修士号、マサチューセッツ工科大学大学院で博士号を取得。経営コンサルティング会社マッキンゼー＆カンパニー日本社長、本社ディレクター、アジア太平洋会長等を歴任。94年退社。96～97年スタンフォード大学客員教授。97年にカリフォルニア大学ロサンゼルス校（UCLA）大学院公共政策学部教授に就任。

現在、株式会社ビジネス・ブレークスルー代表取締役社長。オーストラリアのボンド大学の評議員（Trustee）兼教授。

また、起業家育成の第一人者として、2005年4月にビジネス・ブレークスルー大学院大学を設立、学長に就任。02年9月に中国遼寧省および天津市の経済顧問に、また2010年には重慶の経済顧問に就任。04年3月、韓国・梨花大学国際大学院名誉教授に就任。『新・国富論』『平成維新』『新・大前研一レポート』等の著作で一貫して日本の改革を訴え続ける。

『原発再稼働「最後の条件」』（小学館）、『洞察力の原点』（日経ＢＰ社）、『日本復興計画』（文藝春秋）、『「一生食べていける力」がつく大前家の子育て』（PHP研究所）、『稼ぐ力』（小学館）、『日本の論点』（プレジデント社）など著書多数。

企画・編集　大前研一通信／小林 豊司
伊藤泰史（BBT大学副学長）／石渡諭・宇野命一郎（BBT大学）／
近内健晃・松戸治（BBT大学大学院）／米田昌悟（BOND-BBT MBA）
ブックデザイン　溝部 雅一
本文デザイン・DTP　小堀 英一
DVD制作　石川 将嗣
出版協力　馬場隆介／吉田 薫／林幹久／宇佐美義秀／加藤郁生／塚原倫／佐藤秀子／
高岡里果／板倉平一／高井明子

挑戦《ちょうせん》

～新《あら》たなる繁栄《はんえい》を切《き》り開《ひら》け！～

大前研一通信・特別保存版 Part. Ⅶ

2013年10月25日　初版第1刷発行

編著者　大前 研一／ビジネス・ブレークスルー出版事務局

発行者　株式会社ビジネス・ブレークスルー
発行所　ビジネス・ブレークスルー出版
東京都千代田区二番町3番地
麹町スクエア 2F（〒102-0084）
TEL 03-5860-5535　FAX 03-3265-1381

発売所　日販アイ・ピー・エス株式会社
東京都文京区湯島1-3-4（〒113-0034）
TEL 03-5802-1859　FAX 03-5802-1891

印刷・製本所　株式会社シナノ

ISBN978-4-9902118-5-1